JN151149

キリスト教教育と私

後篇

塩野和夫

教文館

目次

装丁　熊谷博人

序

『キリスト教教育と私　後篇』は、同志社大学神学部に編入学した一九七五年四月から西南学院大学に着任する直前（一九九三年三月）までの一八年間を扱う。しかし、対象時期からはみ出しているにもかかわらず取り上げた出来事がある。一九九四年八月に実施した二回目のボストン資料調査もその一つである。あの時、数日後に帰国を控えていた私はアンドーヴァー・ニュートン神学校のキャンパスで才藤千津子からアドバイスを受けた。


塩野さん、世の中につぶされた人はたくさんいるの……。

でも、そのほとんどはつぶされたまま、悲しみを負って生きている。

だから、塩野さんはそんな人たちのためにも、つぶされた現実を克服して生きてほしい!!

＊

宇和島でつぶされてしまった経験については折々に触れてきた。しかし、その全体をまとめたのは初めてで、二〇一六年夏に書いた。実に二八年ぶりである。けれども、心身に刻み込まれた傷を忘れた日はない。つぶされた現実を克服しようと試みてきた苦闘を除外して現在の私は考えることもできない。だから、機会がある度に記さざるをえなかった。だが、具体的な執筆となると躊躇した。

ところで、宇和島時代（一九八一年四月から一九八九年三月までの八年間）はエネルギーに満ちた壮年期の前半で、祈りを注いで教会の仕事に打ち込んだ。無心の働きは主イエス・キリストの祝福を受け、多くの幸いを生み出していた。ところが、その多くが最後の一年間につぶされていく。

「塩野牧師を追い出すために選ばれた」と詰め寄る役員の一人に、私から洗礼を受けた女性会員がいた。彼女は母子家庭で大学に通う一人息子を育てていた。多岐にわたる相談を聞き続け、どれほど彼女を覚えて祈ったか分からない。だから、こわばらせた表情の彼女を見出した時、私の心はつぶれてしまった。宇和島を発つ日には若手を中心に多くの関係者が集まり、牧師館の片づけを手伝って下さった。ありがたかった。けれども、その人たちのほとんどは散らされてばらばらになってしまっている。

だから、執筆していた二〇一六年夏は辛くて悲しくてやりきれなかった。私は今も「つぶされてしまったまま、悲しみを負って生きている一人に違いない」と痛感した。

＊

どこにも希望を見出すことのできない暗闇に置かれていた時に、心身の深くから込み上げてくる思いがあった。

このままではいけない。
つぶされたままではいけない。
つぶされたままでは、本当の自分を生きることはできない。
何としてでも、つぶされた現実を乗り越えていかなければならない。

心の発する声に聴き従いながら、一九九〇年一一月から一九九三年三月まで聖和大学の一年生を教える機会があった。彼らは真摯に講義に耳を傾け、確かな成長を示してくれた。講義を終えると、毎回数名の学生から相談を受け話を聞いた。一九九二年一〇月のあの日も、講義を終えると講壇の前に駆けつけてくる女子学生がいた。春から度々悩みを打ち明けていた学生である。手紙を差し出すと、満面の笑みを浮かべて彼女は言った。

先生、相談してきた悩みが解決できました。これは先生へのお礼と報告の手紙です。ご覧下さい。

自宅に帰ると、早速彼女の手紙を開いた。花柄模様のきれいな便箋に認められた一字一句に、言葉では言い表せない喜びが込み上げてきた。すると、感動で震える心に蘇ってきた言葉がある。柴田勝正から何度も聞かされた「うれしいやないか、シオノ!」が、その一つである。もう一つは、同志社香里高等学校を卒業する数日前に校長室で生島吉造先生から託された「ひとつ、私の志を引き継いで同志社のキリスト教教育を担ってくれないかね!」である。共感性を持ってこれらの言葉を受け止めた時、それはつぶされた現実を克服して生きていく力を秘め、指針を示していた。

人生、まさにドラマである。

＊

『キリスト教教育と私　後篇』を書き終えようとしている今、心に語りかけてくる聖書の言葉がある。

悲しむ人々は、幸いである、
その人たちは慰められる。
マタイ五章四節(1)

何と慰めに満ちた言葉であろう。私も悲しみに打ちのめされてきた一人である。しかしだからこそ、数十年の時を越えて蘇ってきた言葉によって、暗闇のただ中にあっても歩むべき道を示されたに違いない。

本書が「つぶされたまま、悲しみを負って生きている」一人ひとりへの慰めとなれば、望外の喜びである。

註

（１）聖書の引用は日本聖書協会『聖書　新共同訳』を使用している。ただし、諸般の事情を考慮して、第二章と第三章における詩編四二・四三編関連の記述および附録７の創世記一章二七節と附録９の創世記二章一九節は日本聖書協会『聖書』一九五〇年（いわゆる『口語訳聖書』）を用いている。

第一章　生きて下さいね

個性を生み出す自由

一九七五（昭和五〇）年四月、同志社大学神学部三年生に編入学した。(1) 昼の弁当を作り、朝食を済ませて、下宿を朝八時過ぎには出なければならない。そのために時間を取れず河原における祈りはしばらく中止した。代わりに朝六時からの三〇分間を祈りの時とする。

神学部のオリエンテーションで、履修要領に経済学部との違いがあり戸惑った。経済学部での取得単位を認められた教養科目では、ドイツ語の一科目四単位と自然分野の一科目四単位を求められた。そこで一九七五年度はドイツ語Ⅱの四単位を登録する。専門科目では神学概論を除いてすべて自由選択だった。驚いたことに、聖書学・キリスト教史・組織神学の各分野でほぼ教師数に匹敵する演習が開講されている。しかも、演習は何科目でも

山崎亨先生　詩編の講義
（1975年度）

登録できた。ただし、卒業論文を提出する必要はなかった。

先生方は学生に対して友好的だった。それぞれの仕方で意欲的に神学研究に取り組むよう指導された。たとえば、聖書学の先生である。「詩編」を担当された山崎亨先生は一枚のレジュメを準備した上に、黒板にも板書される。講義する時は学生に向き直って、一人ひとりの心に届くように話された。大学から烏丸通を少し北に行った自宅にも招いて下さった。「紀元前八世紀の記述預言者アモスとホセア」を扱われた和田幹男先生は研究状況を細かく説明した上で、自らの見解を述べられた。今出川通を東に行った中華料理屋の二階でご馳走になる。同じ店に招いて下さったのが、「知恵文学」を講じられた平野節夫先生である。平野先生は新進の研究者で、授業準備に追われている様子が分かった。演習では野本真也先生の「ヘブライ語文法」をとる。新約聖書学では橋本滋男先生の「新約聖書とその時代」、演習で遠藤彰先生の「ギリシア語」を学ぶ。遠藤先生は左近義慈『新約聖書――ギリシア語入門』をテキストにして淡々と教えられた。橋本先生は多くの文献を脇に抱えて持参され、新約聖書研究の現状と可能性、そして魅力を語られた。組織神学で、「ティリッヒ」を講義された土居真俊先生を「千利休が神学を論じているようだ」と評する学生がいた。「的を射ている!」と思う。一言ひと言に含蓄があった。石井裕二先生からは「バルト」を教えていただく。石井先生は毎回「なるほど」と納得させられる視座から、ビシビシと分析の手を加えられた。洛南教会で面識を得ていた緒方純雄先生からは講義で「シュライエルマッハー」を、演習で「教会論」をとる。緒方先生は外国語文献のコピーを配り、翻訳しながらコメントされた。英書講読は深田未来生先生に学んだ。キリスト教史とキリスト教文化学の課目はとらなかった。

授業が始まって一〇日ほど経った頃である。保健室から呼び出しを受けた。指定された時間に学生会館の地階にあった保健室へ行くと、待合室には数名の学生がいた。順番が来て名前を呼ばれたので医務室に入り、机の前に座る。正面には若い医師、左斜め前に年配の女性看護師がいた。医師が話し出される。

医師　今日来てもらったのは、先日の尿検査の結果をお知らせするためです。

塩野　はい。

医師　塩野さんは尿検査で問題を指摘されたことはなかったですか。
塩野　ありません。
医師　今回の検査で蛋白が認められています。心配する値ではないのですが、定期的に検査しておく必要があります。
塩野　分かりました。
医師　次回は一か月後に来て下さい。

その時は腎臓に問題が起こり始めているとは知る由もなかった。

「イエスの言を聞く集まり」

東九条における生活を始めて間もなく、祈りのうちに、ある問題と直面していた。それは神学作業を始めるにあたって、「課題を抱えた地域で取り組む神学は、神の支えなくしてできるものではない」という認識から来ていた。そのためにはどうしても神の恵みが必要であり、神に養われる場を持たない神学作業は考えられなかった。本来、このような問題は所属教会の牧師に聞いてもらえばよい。しかし、それまでのいきさつもあり香里教会の牧師には相談できなかった。

神学部への編入学試験に合格し、四月から始まる学生生活を思い描けるようになる。そこで、三月一二日に神学上の悩みを同志社教会の寺崎暹牧師に聞いていただいた。相談の結果、事態は思いもよらない方向へと進展する。先生のアドバイスは次の三点であった。

一　同志社大学での礼拝開催に関してはできる限り協力をする。

二　このことを春に行われる同志社教会青年会の修養会で訴え、協力者を求めるとよい。

三　神学部教授の山崎亨先生は計画に賛同下さると思う。早急に山崎先生に相談するとよい。

三月一三日、山崎亨先生を神学館の研究室に訪ねた。「ぜひ、山崎先生を訪ねるように」という寺崎牧師の助言を伝え、同志社大学で礼拝を希望する趣旨を述べた。山崎先生からも積極的なアドバイスを三点いただいた。

一　同志社大学で礼拝を行うのであれば、ぜひ参加したい。
二　礼拝で説教の担当を求められれば、引き受ける。
三　礼拝の会場として神学館三階の礼拝堂を使用すると良い。このことについては、私から事務室に「使用を許可するように」と言っておく。

三月一五日に神学館で偶然出会った世光教会の荒木崇と話をする。荒木からは、「趣旨を明確にする必要がある」と指摘された。そこで、三月一六日夜に「礼拝――その意図」を書き、緒方純雄・深田未来生・遠藤彰・藤代泰三の先生方に送った。次の通りである。

礼拝――その意図

まず、個人的に神学という作業の中には、神に祈り御言に耳を傾ける時と場の必要を感じる。同志社大学で同じニーズを感じ、礼拝を持とうという者が五名集まれば、共に祈り神に礼拝を捧げる場を同志社大学で持ちたい。

このことは同志社大学で大きな意味がある。同志社は新島襄先生の祈りによって始められた。以来、キリスト教を徳育の基本としてきた。同志社がそのような看板を出す以上、看板に責任がある。責任を負えないなら、看板は外さなければならない。一つのそして最も重要な看板の内容として礼拝がある。

人の思いを離れて言うならば、神は同志社大学での礼拝を欲しておられると信じる。

四名の教員全員から、「礼拝を行うのであれば、説教を引き受ける」と返事をいただいた。

先生方から説教担当に対する前向きな意思を確認できたので、四月に入って礼拝開催への協力を申し出ていた学生で集まった。山見正徳・越川善彦・渡辺馨子・沢村礼子・塩野和夫の五名である。会合では、一　目的と目標、二　主催者と参加者の呼びかけ、三　神学部教授会への対応、四　神学部自治会への対応について意見交換した。その場で、会の名称を「イエスの言を聞く集まり」に決定する。スケジュールとしては、四月一七日昼休みに神学館礼拝堂で一回目の礼拝を実施し、準備祈祷会を前日の昼休みに宗教センター会議室で開くこととした。その上で具体的な準備に入る。準備会では祈りを捧げた後に、礼拝プログラムと担当を確認した。チラシも手分けして礼拝当日に何か所かで配布した。

第一回「イエスの言を聞く集まり(2)」（四月一七日昼休み）のプログラムと祈りは次の通

りである。

プログラム

司　会　塩野和夫

黙　祷　　一　同
讃美歌　二五七番　一　同
聖　書　マルコ一〇章三二―三四節　司会者
祈　り　　司会者
説　教　「開拓者の精神」　同志社教会　寺崎暹牧師
讃美歌　二六一番　一　同

祈り
父なる神よ、
今、私たちはあなたの御言を聞こうとしてこの場に集っています。
ここに生活に疲れた者があれば、あなたの御言で癒しを与えて下さい。

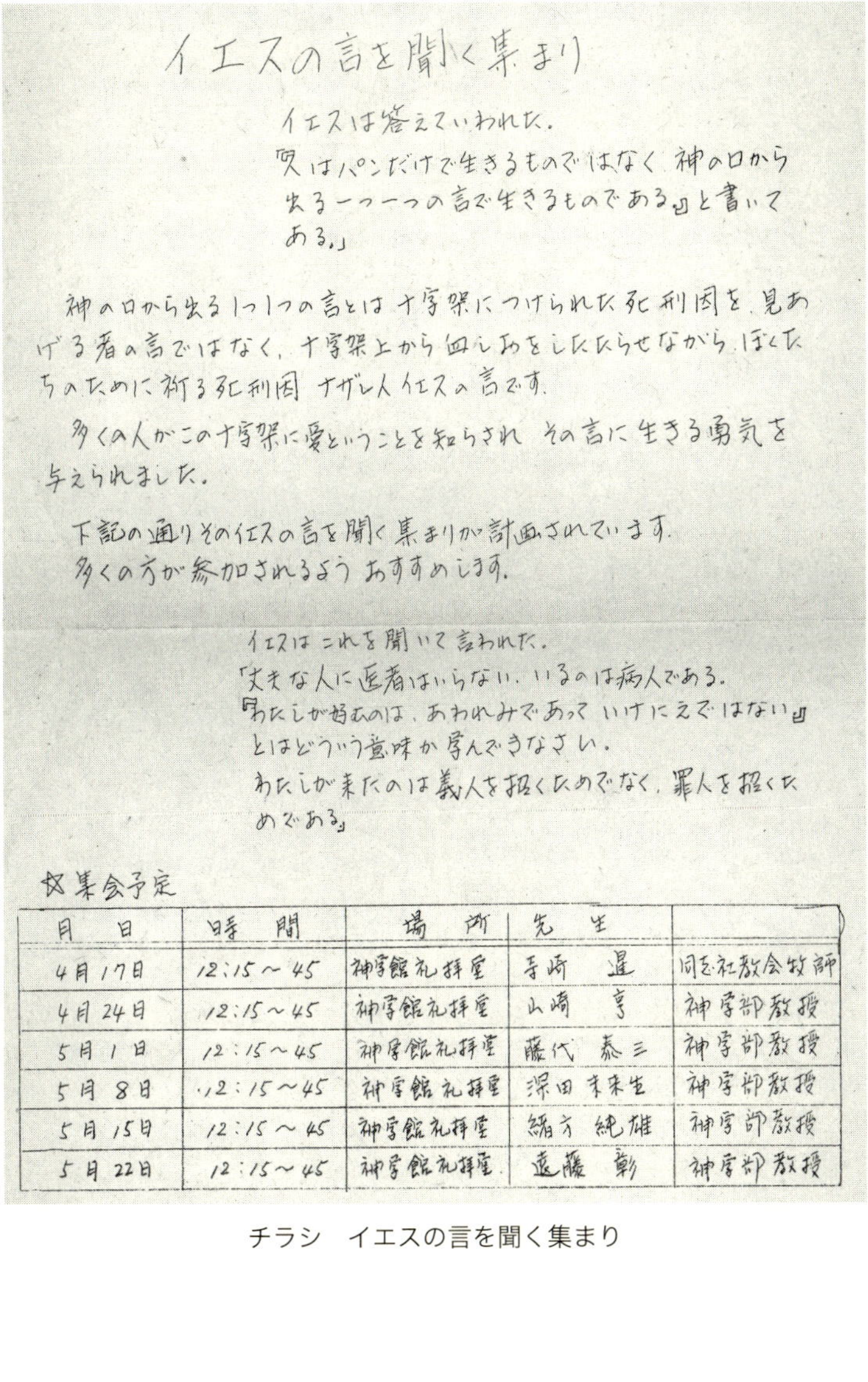

イエスの言を聞く集まり

イエスは答えていわれた。
「『人はパンだけで生きるものではなく、神の口から出る一つ一つの言で生きるものである』と書いてある。」

神の口から出る1つ1つの言とは十字架につけられた死刑囚を見あげる者の言ではなく、十字架上から血しおをしたたらせながらぼくたちのために祈る死刑囚ナザレ人イエスの言です。

多くの人がこの十字架に愛ということを知らされ その言に生きる勇気を与えられました。

下記の通りそのイエスの言を聞く集まりが計画されています。
多くの方が参加されるようおすすめします。

イエスはこれを聞いて言われた。
「丈夫な人に医者はいらない。いるのは病人である。『わたしが好むのは、あわれみであって、いけにえではない』とはどういう意味か学んできなさい。わたしが来たのは義人を招くためでなく、罪人を招くためである」

☆集会予定

月日	時間	場所	先生	
4月17日	12:15〜45	神学館礼拝堂	寺崎　暹	同志社教会牧師
4月24日	12:15〜45	神学館礼拝堂	山崎　亨	神学部教授
5月1日	12:15〜45	神学館礼拝堂	藤代　泰三	神学部教授
5月8日	12:15〜45	神学館礼拝堂	深田　未来生	神学部教授
5月15日	12:15〜45	神学館礼拝堂	緒方　純雄	神学部教授
5月22日	12:15〜45	神学館礼拝堂	遠藤　彰	神学部教授

チラシ　イエスの言を聞く集まり

ここに悩みに苦しむ者があれば、あなたの御言で悩みに立ち向かう勇気を与えて下さい。

ここに人と憎しみ合っている者があれば、あなたの御言で和解を与えて下さい。

どうか今、この場であなたの御名と日本のために立てられた同志社を導くあなたの御言を与えて下さい。


主イエスの御名によって祈ります　アーメン

混乱

神学部に編入学して変化したことの一つに友人関係がある。島一郎ゼミや聖書研究会の同級生がいなくなったキャンパスに、何かが欠けている違和感を覚えた。その一方で新たな出会いもあった。

香里教会のよるだん会メンバーを初め、東九条の下宿を訪ねてくれる友人が毎週のようにいた。そこで役立ったのは母親が準備してくれた食器である。彼らと食事をしながら話し合った。すでに仕事をしていた人たちの職場体験談は興味深かった。山見正徳と最初に出会ったのは入学前の三月、洛南教会においてである。緒方純雄先生を訪ねて来た山見を先生が紹介して下さった。二人はたちまち意気投合する。五月に阪急京都線の鉄橋が桂川に架かる辺りにあった彼の下宿を訪ねた。山見は網を作っていた。「この前の雨の日に橋脚の所にたくさんの鮒が集まっているのを見て、何とかならないかと思ってね……」と話す彼に、感性と行動パターンの違いを感じた。山見に紹介された渡辺孝治も独自の世界を持っていた。渡辺は野本真也先生のもとで「主の僕の歌（イザヤ五三章）」を研究していた。ドイツ語文献に疲れると、彼は「リフレッシュするために禅寺へ行く」そうだ。いずれも個性豊かな人たちだった。

東九条での生活を始めてから日曜日の夜は洛南教会で、小原安喜子先生の指導による讃美歌練習に参加した。集まってきたのは男子青年数名で、福祉施設で働く山田、染色業のため爪の間がペンキで染まっていた天野、京都大学の学生で絵を描くアルバイトをしていた大村である。彼らと声を張りあげて、「輝く　日を　仰ぐとき……」（『讃美歌　第二篇』一六一番）と歌った。同志社教会の青年会メンバーとも親しくなった。非常勤講師として哲学を教えていた山崎先生、博士課程に在籍する大学院生、青年会を担っていた学生、それと「イエスの言を聞く集まり」の協力者である。

「イエスの言を聞く集まり」は前半六回の集会を終えた。出席者は三〇名前後である。準備会では「参加者数よりも内容を大切にしよう」と話し合った。それと三限の授業があるので、「予定通りに集会を終わってほしい」という要望が寄せられていた。後半六回は準備会のメンバーと塩野が交互に司会を担当することにした。次の通りである。

日時	説教者	司会者
五月二九日	寺崎　暹牧師	渡辺馨子
六月　五日	深田未来生先生	塩野和夫
六月一二日	藤代泰三先生	越川善彦
六月一九日	橋本滋男先生	塩野和夫
六月二六日	緒方純雄先生	沢村礼子
七月　三日	山崎　亨先生	塩野和夫

ところが、六月五日の集会で会場の空気は一変した。神学部自治会の関係者が前列の席を占めたからである。ヘルメットをかぶっている学生もいた。集会の間、彼らは一言も発

言しなかった。それにもかかわらず、自治会関係者の圧力が会場を覆っている。六月一二日の集会では説教中の藤代先生に向かって、「アイデンティティの概念とは何か！」と鋭い声で質問が飛ぶ。先生は丁寧に答えておられた。集会後には司会者の越川を囲んで議論が交わされた。越川は懸命に応えている。私たちも議論に加わった。自治会関係者からは「礼拝ができない状況にある歴史性」に対する質問があり、主催者は「神学作業に位置づけられた礼拝の必要性」を主張した。

集会での混乱を受けて、六月一六日に「イエスの言を聞く集まり」主催者の会を塩野の下宿で開いた。学外で集まったのは、仲間が五月の尿検査の結果を配慮してくれたからである。話し合った結果、二つのことを決める。

一　六月一二日の出来事について、先生方にはありのままを伝える。

二　前期の集会はあと三回なので、学生だけになっても続けたい。

六月一二日の出来事を伝えると、すべての先生から説教担当を断ると返事が来た。仕方がないので、先生方に代わって塩野が説教を担当する。六月一九日の集会では、「主よ、見えるようになることです」と題して説教した。この日は開始早々自治会の関係者からヤジが飛ぶ。参加者からは「怖い！」という声が出た。しかし、「課題を抱えた東九条における神学作業は自力では到底できない。神の恵みに支えられることなくしてできない」と訴えた説教の間は、不思議な静けさが会場に満ちていた。六月二六日は「神の沈黙」と題して説教する。集会の後で、神学部自治会の委員長と翌日話し合うことにした。

六月二六日の集会直後に尿検査と診察があった。検査結果は医師も驚くばかりに悪くなっている。彼は「自宅に帰って静養するように！」と強く勧めた。その上で、「もし下宿に留まるのであれば、六月から八月は絶対安静にして下さい。経過を見ます。その間は授業に出ることも禁止です」と指示された。診察を終えると真直ぐ下宿へ帰り、布団を敷き横になった。何よりも考えたのは、「自宅へ帰るか、下宿に留まるか」である。東九条に住んで神学を学び始めたのは、「神の御旨」と信じた故の選択である。信仰を生きる者として、その時点での東九条からの撤退は考えられなかった。そこで下宿に留まることとして、善後策を考えた。まず、医師の指示に従い前期の授業はすべて欠席する。香里教会の礼拝と教会学校も欠席である。希望の家のボランティア活動も事情を説明して休んだ。そんな中で休むわけにいかない二つがあった。一つは小西家の家庭教師で、経済的な事情からである。もう一つは「イエスの言を聞く集まり」のあと一回の集会で、発起人としての責任があった。

塩野、病床に伏す

「塩野、病床に伏す」の情報はたちまち仲間に伝わった。その時を境にぴたっと途絶えたのは集団の来訪者である。それに代わってお見舞いの手紙や葉書がきた。その数は来訪者の何倍もあった。

今夜の祈祷会であなたのために祈ります。
生きて下さいね。
シオノくん、がんばれ！　がんばれ！
おい、早く病気治せよ。
貴兄は神さまばかりでなく、多くの人から祈られています。(3)

これらの見舞状は温かく、心に染みた。しかし、病床にあって繰り返し思い浮かんできたのは希望の家の子どもたちである。A君・B君・Cさん・D君……待ちわびているみんなの顔が浮かんでは消えた。しかし、希望の家へ行くことはできない。そんな中で「愛」という概念に対する洞察がひらめいた。

そうだったのか。
希望の家の子どもたちに向けて
私を突き動かしていた力、
それが愛だった。
愛の力に押し出されていたから、
この地に住み、子どもたちの課題に向き合うことができたのだ。(4)

そうであるのに、希望の家に赴くこともできない。神が私を東九条へと押し出された事実を疑いはしない。けれども、病床にあって神の御旨がどこにあるのか分からなかった。
日曜日の午後になると、電気針の治療器を下げて父が下宿を訪ねて来た。上半身裸になってうつ伏せに寝ると、まず腎臓のつぼを中心に電気針をあてててくれる。それから「背骨の矯正は慢性病には有効な治療法やからな」と言いながら、カイロプラクティックや操体法で体のゆがみを正してくれた。三〇分くらいで治療を終えると、すぐに帰って行った。週二回の家庭教師を終わると、生徒の母親である小西敏子が出て来られた。彼女は「お兄ちゃん、体を大事にしてや。お母さんに心配かけたらあかんで」と声をかけ、大きな紙袋いっぱいの食料品を持たせて下さった。

六月二八日の夜だった。寝ていると、思いがけない来訪者があった。香里教会の池田義晴である。

池田　寝ている所を起こして悪かったけど、今日は塩野君に渡すものがあって来た。

塩野　何でしょうか。

池田　塩野君を応援しようという人が香里教会にいる。

塩野　ありがとうございます。

池田義晴の来訪（1975 年 6 月）

池田　それで塩野神学生への支援を呼びかけたところ、二〇人ほどの人が応えてくれた。この封筒には一五万円が入っている。一か月五万円で、四月・五月・六月の三か月分で一五万円や。これを受けとってほしい。

塩野　助かります。病状が落ち着くまで教会には行けません。皆さんにはくれぐれもよろしくお伝え下さい。

六月二七日の自治会との話し合いは平行線だった。再度、六月三〇日に協議の時を持ち、「一　『イエスの言を聞く集まり』の妨害はしない。二　自治会と主催者の話し合いは別途続ける」と二項目のルールを決めた。ところが、七月三日の集会は妨害活動により「つぶされた」。私たちは七月三日の結果と今後の方針について話し合い、「一　七月三日の結果を受けて、それがどのような原因によるとしても、神学館三階礼拝堂における集会は中止する。二　前期に行っていた準備会を充実して、参加者各自の『証しを聞く会』として、集会は後期も続ける」と結論を出した。

註

（1）「読書ノート二」によると、一九七五年度に読んだ文献は以下の通りである。［キリスト教関係］『福音と世界　四月号』（特集「差別とは何か」）、バークレー『明日への祈り』、J・H・コーン『解放の神学』、ミシュル『神に聴くすべを知っているなら』、『基督教研究』第三九巻第一号、椎名麟三『私の聖書物語』、J・A・T・ロビンソン『からだの神学』、U・デュルタイ『シュライエルマッハーの生涯』、ガルダロスキー『死に果てぬ神』。［人文学関係］山本有三『無事の人』、遠藤周作『影法師』、ユゴー『レ・ミゼラブル（一）』、フランクル『夜と霧』、ドストエフスキー『死の家の記録』、Y・シュピリ『アルプスの山の少女』、長谷川千秋『ベートーベン』、松本愛子『死の影の谷間で』、T. Storm, Immensee. 山村政明『いのち燃え尽きるとも』、島田好美『石ころの歌』。

（2）「イエスの言を聞く集まり」については、塩野和夫「同志社神学部で礼拝を」『基督教世界』第三三二八号、一九七七年、四頁参照。

（3）「貴兄は神さまばかりでなく、多くの人から祈られています」は本城勇介の手紙に記されていた言葉である。「多くの人から祈られている事実」は連日届けられる見舞状で承知していた。しかし、その前に書かれていた「貴兄は神さまばかりでなく」という真実には考え及びもしなかった。そこで、この言葉への黙想から「無言有言の祈り」というアイデアが生まれた。「無言有言の祈り」塩野和夫『一人の人間に』六一―六二頁参照。

（4）病床における愛に関する洞察の結実が、「一途に愛するほどに　愛を失った虚しさは絶望的です。志を生きようとするほどに　志に挫折した者の虚しさは絶望的です」という表現である。「この確かな生を」前掲書、四〇—四六頁参照。

第二章　湧き上がる感動

新鮮な発見

すべては終わった。希望の家のボランティア活動に参加できず、礼拝の試みも失敗した。今は疲れ切った体と心を抱えて、一日中布団に伏す日が続く。あるのは硬い心だけだった。そんな時にふと思い出したのが、「もっと軽やかで自然な世界を奏でていた」モーツァルトのピアノ協奏曲である。一番から順々に聴いた。一九番・二〇番・二一番・二二番・二三番は繰り返し聴いた。七月中旬になると、洛南教会の夜の集会へ出かけてみる。やはり、讃美歌の練習をしていた。久しぶりに歌ってみた。集会後、小原安喜子先生に香里教会の神学生支援金について報告する。「それは塩野君にとって良い話だけれども、これをきっかけにして教会が変わっていくとすばらしいと思う。祈っています」と答えて下さった。

病床の日々にも続けていた朝の祈りの時である。七月下旬だった。その日読んだ詩篇四二篇・四三篇に繰り返し句（四二篇五節、一二節、四三篇五節）がある。(1)

わが魂よ、何ゆえうなだれるのか。
何ゆえわたしのうちに思いみだれるのか。
神を待ち望め。
わたしはなおわが助け、
わが神なる主をほめたたえるであろう。

繰り返し句を読んだ時、思いがけないひらめきが走る。

うなだれざるをえない状況に詩人はいる。
そこには神が分からなくなった大きな悲しみもあるだろう。
しかし、詩人は祈っている。
うなだれざるをえない状況にあって、

それでも神に向かって詩人は叫んでいる。
そうだったのか。
御心が分からなくても、
祈ることはできる。
神に向かって叫ぶことはできる。

新鮮な発見だった。祈りに対する新たな発見によって朝の祈りは力を回復する。そして、八月上旬のあの日へと続く。

八月五日の朝、浅香みぎわに誕生カードを書いていた。その時突然、一つの洞察と強い感動が湧き上がってきた[2]。思い出していた場面はジェフと九州旅行の途中に登った韓国岳の山頂における記憶である。私の蹴った小石が底の見えない火口へと落ち込んでいった。洞察とは、あの小石に病床の自分を重ねてイメージしたことである。

とっさに足をとめたぼくは足もとから音もたてずに小石が
不気味な暗闇へ落ち込んでいくのを見た。

ぞっと全身を寒気が走った。
その時、ぼくはまっさかさまに落ち込んでいった小石のように
山頂を大きくけずりとった暗闇にのみこまれていた。

ところが、小石を覆う暗闇から自分の内面に目を向けると、そこには新鮮な感動が湧き上がっていた。

ああ、ぼくは生きている。
ぼくは生きている。
なんとすばらしいことだろう。
なんと喜ばしいことだろう。

どれほど虚無にのみこまれようと
生きているではないか。
どんなに絶望に圧倒されようと

生きているではないか。
底知れぬ暗闇に落ち込んでいった者を
死からよみがえられた主が
あの主が支えていて下さるではないか。

湧き上がってきた感動が指し示しているアドバイスは明快だった。与えられている「確かな生」を大切に守り、生きることである。そこで、志を立てて東九条に来た私は生きるため自宅へ帰ることにした。

我が友に

八月中旬に実家へ帰ると、ベッドが母屋の奥の部屋に用意されていた。そこであれば仕事の合間に両親は様子を見ることができる。朝から夜までこのベッドで休み、夕食を終えると兄弟用の別棟に戻った。自宅は一日中活気に満ちていた。次々とやって来る患者と父は話している。やがて、治療室から「エイッ！」「エイッ！」と掛け声が聞こえてきた。

瀬野勇のお見舞い（1975 年 9 月）

わずかでも時間があると部屋をのぞき、「治療をしとこか」と言って父はすばやく背骨の矯正をしてくれた。母は午前中に掃除洗濯と買い物、それに患者の相手をしていた。昼食を終えるとすぐに夕食の準備である。二時半には生徒のために教室を空けておかなければならない。三時になると「願いましては……」と指導する母の掛け声とパチパチとそろばんを弾く音が聞こえてくる。仕事と生活の活気に包まれながら、ひたすらに休んでいた。八月下旬の検査結果で改善が認められる。そこで、朝夕には散歩を始め後期の通学に備えた。

九月に入ったばかりの日曜日午後だった。ギターを抱えた瀬野勇が京都から見舞いに駆けつけてくれた。[3] 病状について説明した後に、ギターの伴奏に合わせて「海はいいな」を歌ってくれた。彼が東海大学海洋学部在学中に作った曲である。次に「夏になったら」を歌う。三曲目に入る前に「これは塩野君のために作った曲です」と紹介し、歌詞を説明してくれた。それによると、「一節と二節は元気で活躍していた当時を、三節は病の床にある塩野君への祈りを歌っている」。そして、「我が友に」をスローテンポで歌ってくれた。

風を切って　飛んでゆけ
地の果てまで　飛んでゆけば
大空へ　大空へ　舞い上がる
叫べよ　友よ　我が友よ

波を切って　雄々しく生きよ
海の果てまで　生命の限り
海原を　海原を　かけめぐる
求めよ　友よ　我が友よ

夢を超えて　夢に生きれば
生命は尽きて　愛も消える
陽の国へ　陽の国へ　燃え上がる

光よ　光れ　我が友に

九月中旬に、Kを誘って香里教会へ行く。礼拝に出席し、よるだん会にも参加した。ただ健康と体力に自信がなかったので、教会学校は挨拶だけにする。みんなとても喜んで声を掛けてくれた。Kはどこへ行くにもついて来た。三か月休んでいた間に、教会内で急展開していた事業があった。特別養護老人ホーム、寝屋川十字の園の建設計画である。山田律子の祖父が「老人福祉のための使用」を条件に、香里教会に土地を寄付された。慎重な検討の結果、教会は母胎となる法人栄光会（代表理事　富田）を設立して、特別養護老人ホームの建設に着手する。教会学校校長の中西典彦は理事の一人となり「社会における証し」として、寄付に走り回っておられた。内本栄一は経営していた会社を辞めて、大学で二年間社会福祉を学ばれた。

証しの会

一〇月に入ると、大学の授業へ戻った。ただし、尿検査の結果に左右される。演習では発表を課せられた。二週間ほどかけて準備し発表を終えると、結果が悪化した。すると一週間の安静である。ある時、橋本滋男先生から「腎臓の悪い者はあんぱんを食って寝てけ！」と注意された。「何のことか？」と思って調べてみると、あずきは腎臓に良い食材だった。証しの会も一〇月から毎週水曜日に宗教センターで再開した。一〇名前後の参加者がある。新たな参加者の一人に本行健三がいた。北海道でレストランを経営していた本行は四〇歳代になって店を閉じ、同志社大学神学部に編入学する。京都では奥様と二人で丸太町教会の管理人をしていた。一一月一九日の集会ではマタイ福音書六章二二―二三節をテキストにして、「聖書がイエスの身体的特徴を記していないのはなぜか」という導入から「信仰において大切なのはイエスのイメージである」とされた。その上で、大原美術館や民芸館の作品を紹介し、「本物を見ることによって偽物を見破ることができる」と結ばれた。一度だけ、丸太町教会を訪ねた。歓迎して下さり、夕食までご馳走になる。具だくさんのシチューで、どんぶり茶碗によそわれていた。

一九七六（昭和五一）年四月、神学部四年へ進んだ。検査結果も安定してきていたので、意欲的な研究活動を再開する。(4) 神学部の専門科目ではこの年度も聖書学とりわけ旧約聖書学を多く受講した。山崎先生の「ヨブ記」と和田先生の「エゼキエル書」、それに野本先生の「モーセ五書概論」である。演習では野本先生の「創世記の研究」をとった。先生の演習は「ヘブライ語文法」でもそうであったが、すべて手作りのテキストを用いられた。「創世記の研究」では毎回創世記のヘブライ語原典の数節とそれに関する研究を細かく記したプリントが配られ、議論を展開された。細部にまで研究が及ぶ点では和田先生と似ている。しかし、両者から受ける印象は対照的で、どっしりとしていた和田先生に対して野本先生は鋭く繊細に思われた。新約聖書学では、橋本滋男先生の演習「聖書本文批評」を履修した。キリスト教史では土肥昭夫先生の「日本キリスト教史」をとる。一見単調に見える土肥先生の講義には学生へ向けた問いが仕組まれていて、聴く者の関心を刺激した。組織神学の講義では土井真俊先生の「バルト神学」と竹中正夫先生の「キリスト教倫理」、それに演習で土居先生の「ティリッヒ」を学ぶ。「世界の竹中」と呼ばれていた竹中先生は各地域におけるキリスト教界の動向を紹介しながら、丁寧な講義をされた。キリスト教教化学では深田先生の「礼拝学」と樋口和彦先生の「ユング心理学」を受講する。臨床心理学の実験を紹介しながら、樋口先生は人間の心の秘密を説き明かされた。「ドイツ語講読」を担当された岡山孝太郎先生はドイツ留学や大学時代における体験談を交えながらドイツ語文献でティリッケを教えられた。

証しの会は準備会で調整しながら、水曜日の昼休みに宗教センター一階の集会室で集まりを続けた。一九七六年度の担当者は次の通りである。

まとめ役		塩野和夫
交渉役		山見正徳
大蔵省		渡辺馨子
連絡役	（神学生）	塩野和夫
	（同志社教会関係者）	福井　明
	（香里教会関係者）	金沢宏彰
	（神学部教員）	松隈隆子
	（その他）	沢村礼子

松隈隆子は四月から神学部三年に編入学した。長崎市の出身で山見の婚約者だった。エネルギッシュな彼女はたちまち証しの会の推進者となる。たとえば、彼女の生活する一粒寮を会場にしてしばしば準備会が開かれた。証しの会は一〇名前後の参加者で続けた。前

期の証言者は次の通りである。

四月二八日　山見正徳　「愛について」（一コリント一三章一節—一四章一節）
五月一二日　渡辺馨子　「真剣に神の言を受け止める」（マタイ二一章二八—三二節）
五月一九日　塩野和夫　「キリストの故に苦しむ人」（マタイ六章九—一三節）
五月二六日　沢村礼子　「求められていることはただ」（ルカ一〇章三八—四二節）
六月　二日　本行健三　「立ち帰る所——弱い時にこそ強い」（二コリント一二章七—一〇節）
六月　九日　松隈隆子　「からし種一粒の信仰」（マタイ一七章一四—二一節）
六月一六日　福井　明　「主に答えつつ歩む生を」（ヨハネ一一章四三—四四節）
六月二三日　こだまする讃美の歌声（証しの会は休会）
六月三〇日　大島純男　「召命を受けてより」（ヨハネ一四章一八節）
七月　七日　宮本その子　「矛盾に開かれながらも」（ヨハネ一四章一節）

お花のプレゼント

寝屋川十字の園の建設工事は一九七六年春には急ピッチで進んでいた。その頃に立ちあげられたのが有志による「寝屋川十字の園にお花のプレゼントをしよう」と呼びかけたグループである。リードしたのは三〇歳代の男性会員斉藤だった。礼拝後、彼はお花を植える趣旨を説明した。

　寝屋川十字の園の建設工事が急ピッチで進んでいます。しかし、新築の建物はそれだけでは殺伐としていて落ちつかないものです。そこで、花壇を作りお花を植えてはどうでしょうか。

彼らは教会で寄付を募り、昼からは現場へ出かけた。ご老人の入居が始まる夏までに、「花で憩いのある十字の園にしよう」と作業に取り組んでいた。

寝屋川十字の園にお花のプレゼント!!
(1976年)

香里教会における私の立場が四月から変化した。「塩野神学生」と呼ばれるようになったのである。二月に内本栄一から役員会の内情を知らされていた。一九七六年度の予算を協議する会議で、同志社大学神学部に学ぶ塩野の扱いが話し合われた。内本によると、概要は次の通りである。

「同志社大学神学部で学んでいる塩野を香里教会でも神学生として扱ってはどうか」という提案があった。併せて、「現在有志で行っている支援を教会がすべきではないか」という意見も出る。ところが、これに対して主要役員の一人が強く反対した。その後も賛成と反対それぞれの立場から発言があり、議論は行き詰まる。そこで私たちが妥協案を出して、何とか収めた。そういう事情で四月から金額は減るが、教会から神学生への支援金を出す。塩野君には、今回の役員会の事情を承知しておいてほしい。よろしく頼む。

塩野神学生に活躍の場が与えられたのは夏以降である。関西セミナーハウスで開催された香里教会の夏期修養会（七月二五日―二六日）では発題を担当し、「志に立つ」（マタイ六章一節）と題して講演をした。同志社唐崎ハウスで開かれた同志社教会ジュニアチャーチキャンプ（八月八日―一〇日）にも招かれて、主題講演「弱い時にこそ、わたしは強い!?」（二コリント一二章九―一〇節）を試みる。直後に由良キャンプ場で開かれた香里教会の青年科キャンプでは「木には望みがある」（ヨブ一四章七―一〇節）と題して主題講演を担当した。八月二九日―三〇日に行われた香里教会青年会（よるだん会も合同）では主題講演「花瓶を磨いてきて気づいたこと」（一ヨハネ四章一一―一二節）を語りかけた。

寝屋川十字の園は一九七六年七月に開設された。母胎となった香里教会はいろいろな形で関わる。何よりも教会員で十字の園に務めた方々がいる。内本栄一は初代施設長として当初の経営に尽力した。婦人会の新は職員として就職した。しばらくして上野孝一も転職して十字の園で働いた。「十字の園にお花のプレゼント」を呼びかけていた斉藤たちのグループは、礼拝後に花壇の手入れをした。キリスト教系の施設として、週に一回二階の集会室で礼拝を始める。杉田牧師を初め近隣教会の牧師が協力した。一〇月のある日、よるだん会有志で昼食のお手伝いに出かける。スチール製のお盆に名前を書いたカードと食事がセットされていた。お盆を持ってベッドまで運んで行く。女子青年が率先して担当する方の所へ行き、手際良くスプーンで口まで運んでいる。彼女たちの意外な一面を見た。遅

「あーと口を開いて下さい」（寝屋川十字の園、1976 年 10 月）

れまいと私も受け持ったおばあさんの所へ行くと、ベッドの横に腰掛けて待っておられた。挨拶もそこそこに、指示されたようにスプーンに少しの食事をのせて口元へ運んだ。「あーと口を開いて下さい」とお願いすると、「あー！あー！」と口を開いて下さる。ところが、なかなかうまくいかない。なんとか、ご飯とおかず、それにお茶を交互に差しあげて食事していただき、三〇分程で終えることができた。一九七七（昭和五二）年一月上旬には餅つき大会を行った。中庭に道具を準備し始めると、懐かしそうに窓から眺めておられる。餅をつき始めると、車椅子で庭まで出て来られる方もいた。

窓の周辺はたいへんな人だかりである。十字の園が盛り上がった一日だった。

香里教会では新年に地区別家庭集会を行っていた。一九七七年一月五日には枚方市駅方面の集会を担当し、「新年の夢」（創世記三七章二節b―一一節）と題して講話する。その頃は関西学院大学神学部出身の赤木武次が中心となって、将来の伝道所開設を願いながら集会を続けていた。一月一二日には香里教会の周辺地区で家庭集会を担当し、「父よ」（マタイ六章九―一三節）というテーマで話をする。同志社の関係者が何人かいたので、集会は盛り上がった。

同志社大学における証しの会は後期も九月二七日から毎週開いていた。婚約していた山見正徳と松隈隆子が夏に結婚したので、結婚記念ハイキング（一〇月一五日）を行う。清滝から嵐山まで歩き、嵐山の河原でシチューを作って食べた。二人にはお祝いとしてサトウハチローの額を贈る。会費五百円、記念品代五百円だった。一一月二八日―二九日には北小松学舎で修養会を行い、松隈正徳と塩野が講演を試みた。

一九七七年二月、渡辺孝治に招かれて下宿を訪ねた。掘之上町にある町屋の二階だった。話が一段落すると、渡辺がおもむろに取り出したのは和綴じの『永平寺元禅清規』二冊本である。

永平寺の掃除を初めとした修業の仕方を書いた本です。これを塩野君の卒業記念として進呈します。書斎の片隅にでもおいて下さい。こういう偉い本を置いておくと、そこから良い香りが放たれて部屋全体を清めます。

好意を感謝して受け取る。渡辺には在学中も『澤木興道全集』全一八巻を推薦してもらって購入し、全巻を読んでいた。

三月に、神学部事務室から呼び出された。何ごとかと思って訪ねると、「塩野さんに三〇万円の奨学金が出ます。卒業する神学生の主席に贈られる奨学金です」と説明を受ける。記念なので、奨学金で「アウグスティヌス著作集」（教文館）を購入した。卒業式は三月二〇日に栄光館で挙行される。神学部卒業生代表が塩野和夫、修士学位受領者代表は渡辺孝治だった。

註

（1）この時の感動が修士論文のテーマとなる。「聖書との出会い」塩野和夫『キリストにある真実を求めて――出会い・教会・人間像』四一―一四〇頁参照。
（2）「この確かな生を」塩野和夫『一人の人間に』四〇―四六頁参照。
（3）「ありがたきは友」前掲書、六二―六四頁参照。
（4）この年度は数冊しか記録がない。以下の通りである。
福井達雨『僕アホやない人間や』『アホかて生きているんや』、J・D・ディヴィス『新島襄の生涯』、アーネスト・ゴードン『死の谷をすぎて――クワイ河収容所』。

第三章　詩編への問い

わび介で野本ゼミ

一九七七（昭和五二）年四月、同志社大学神学研究科前期課程の聖書学専攻に進んだ。指導教授は旧約聖書学の野本真也先生で、同期のゼミ生には山川がいた。[1] 旧約聖書学を専攻した理由は詩編四二・四三編への問いである。「絶対安静！」を指示され、東九条の下宿で寝ていた一九七五年夏にあの詩編と出会い、深い感銘を受けた。それは私の人生に新たな展開さえもたらした。そうだとしたら、あの出会いは何であったのか。実は、学部在学中に詩編研究を試みていた。文学部で開講されていた駒木先生による万葉集の講義も聴講する。詩編における個人の嘆きの歌と万葉集に見られる挽歌の歌に注目すれば、日本人の感性と聖書の人間観との比較研究ができる。この作業を通して「あの時の出会いを解明できるのではないか」と考えた。

野本先生から紹介されていた Joachim Becker, *Wege der Psalmenexgese* は、学部時代に目を通しカードも作っていた。しかしそれら一切は、大学院で本格的な詩編研究を始めると役に立たなかった。先行研究をおさえるために、ドイツ語文献の的確な理解を求められたからである。Becker を前期で終えると、後期には Herman Gunkel, *Einleitung in die Psalmen.* Claus Westermann, *Lob und Klage in den Pslmen.* Klaus Koch, *Was ist Formgeschchite?* の翻訳に取り組む。毎週のように提出するレポートはいずれも真っ赤に添削されて返ってきた。詩編と万葉集の比較研究

わび介で野本ゼミ（1977年4月）

は断念せざるをえなかった。ゼミを終えると、野本先生は喫茶店のわび介へと院生を誘い、コーヒーをご馳走下さった。先生を囲んで、三年目の松隈正徳、後期課程に進まれた渡辺孝治、組織神学を専攻していた畠山保男、それに山川と塩野は話に夢中になった。

聖書学ではそれ以外に、野本先生の「創世記の研究」、橋本先生の「新約聖書の本文と聖典」、遠藤先生の「共観福音書研究」を学んだ。キリスト教史では土肥先生の「日本キリスト教史研究」、深田先生とラーン先生の「ウェスレー研究」を履修した。組織神学では土居先生の「意味の神学」、緒方純雄先生の「救済論」を学ぶ。さらにキリスト教教化学で深田先生の「礼拝学」を履修した。それらに加えて樋口和彦先生から「教職科目を履修しておくと、将来助けになるから」と勧められ、「同和教育の研究」、「道徳教育の研究」、「宗教科教化教育法」、「教育心理学」を履修した。けれども、本来の研究に時間を割けないために教職科目は途中で断念した。

大学院前期課程に進学して生じた変化は、学内における集会を継続できなかったことである。経済学部に在学した四年間は聖書研究会を主催し、ヨハネ福音書とマタイ福音書を学んだ。神学部に編入学すると「イエスの言を聞く集まり」を企画し、その後も「証しを聞く会」を続けた。ところが、一九七七年春からは学内での集会を開かなかった。なぜか。

仲間の異動が第一の理由である。松隈正徳は春に日本キリスト教団天満教会の伝道師に就任した。大学院で修士論文の完成を残している。しかし、教会の仕事が忙しくなっていた。松隈隆子も生活の中心を天満教会に移していた。本行健三は父親が入院され、京都と北海道を往復するようになる。よるだん会の金澤と服部は春に大学を卒業していた。第二に健康状態がある。研究活動ができるまでに腎炎は回復していた。それでも月に一回は尿検査と診察を求められた。しかしこれらは神学部に編入学した時も同様で、主な理由にはならない。そこで第三の理由として意識の変化がある。神学部に編入学した際には、神学作業の中心に礼拝の必要を感じた。ところが、東九条における詩編四二・四三編との出会いをきっかけとして、「御言の説きあかし」に新たな使命を感じるようになる。(2)

この使命感が要請していたのは訓練だった。そこで大学院に進学した四月に洛南教会の高杉三四子牧師に夏期伝道師の希望を伝える。高杉先生から電話を受けたのは五月中旬だった。

高杉先生　塩野さんの希望を五月の役員会で諮りました。皆さん快く了解されたので、六月から三か月間を洛南教会の夏期伝道師として招きます。その間、教会の諸集会に参加し、洛南幼児園で一回、城陽市の家庭集会で一回、最後に教会の日曜礼拝で一回、奉仕をお願いします。

塩野　早速にありがとうございます。香里教会の杉田牧師に伝えます。その上で、香里教会役員会の了承が必要になると思います。しばらく、お待ち下さい。

ローソク

六月第一週の香里教会役員会で承認されたので、翌週から洛南教会の礼拝に出席を始める。夏期伝道師として臨んだ最初の礼拝後、新たな立場で紹介された。それから、書記の吉崎信一、会計の平居、幼児園主任保母の宮川静枝先生が挨拶に来られる。その後、青年会の会員と食事を囲んだ。山田、天野、大村と馴染みのメンバーである。ただし、小原安喜子先生は足を骨折して入院中のため欠席だった。夜の讃美歌練習も中止になる。青年が集まると、しぜんと信仰の話になった。「信じるというのはどういうことなのか、疑問に思っていた。ところが、小原先生の父親である小原十三司先生とお会いして、『こういうことだったんだ！』と分かった。信じるというのは人間の生き方の根本にあるものやったんや」という大村の証しは核心を突いていて印象に残る。
六月最後の礼拝を終えると、会計役員の平居が近寄って来た。
平居　夏期伝道師、ご苦労様です。これは教会から六月分の謝礼です。受け取って下さい。
塩野　今月は礼拝に出席しているだけで、何の御用もしていません。謝礼など、恐縮です。
平居　仕事はこれからだんだんとしていただきます。役員会で決めたものですから、受け取って下さい。
塩野　それでは感謝して受け取らせていただきます。
六月分の謝礼として三万円もいただいた。用途について考えた結果、枚方市駅南口にあった三越デパートに行く。八月に説教を担当する礼拝で着るスーツを買うためである。店員が三万円ちょうどで売り出していた夏物のスーツを勧めてくれたので、それを買った。
七月に入ると、高杉牧師から「今月下旬の夕方、教会堂の前庭で洛南幼児園の子どもにお話をして下さい」と依頼された。教会学校の教師は七年目に入っているが、担当したのはすべて中高生だった。だから、小学校入学前の園児にどのように話せばいいのか見当もつかない。それで宮川先生にお願いして保育中の園児を観察させてもらった。子どもは元気いっぱいに動き回っている。その真ん中にいて、先生は注意したり、指導したり、お話をされている。イメージはできた。当日、円になって座っている園児と子ども讃美歌を歌い、聖書を読み、お祈りをした。それから、身振り手振りを交えて大きな声で語りかけた。

塩野　みんな、ローソクって知ってるか？
園児　知らん。
塩野　知ってる人？
数人　（手を挙げて）はーい。
塩野　ローソクってね、明るくて温かいんや。でも、なんであんなに明るくて温かいか、分かるか？
園児　（みんなが黙ったので）しーん！
塩野　ローソクは、燃えるとだんだん短くなる。自分を燃やしているからや。ローソク

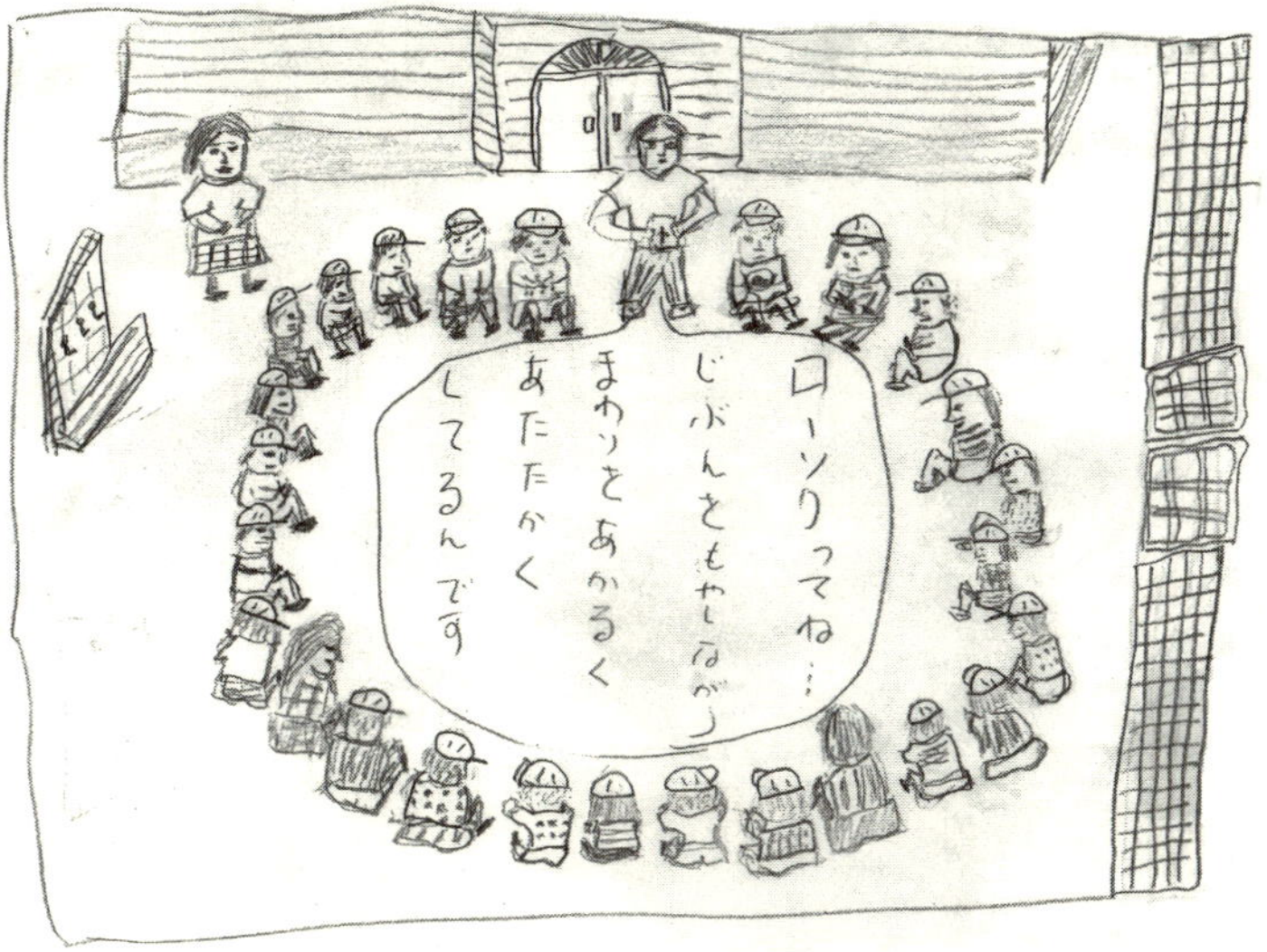

洛南幼児園でのおはなし（1977 年 7 月）

が短くなるのを知ってる人、いるかな？

数人　（声だけ、あちらこちらから返ってきて）知ってる、知ってる。

塩野　ローソクは自分を燃やしながら、周りの人を照らし温めている。いいか、みんな！　人間にもそういう人がいるんや。イエス様は「人を照らしたり、温める人が大切な人や！」と教えたはる。そのことを覚えておいて下さい。今日のお話はこれでおしまいです。

八月に天幕伝道集会が世光教会と洛南教会との合同で三日間行われた。一日目は映画会で、「逃走」を上映した。司会を担当する。二日目は荒木（世光）と平居（洛南）の証しに続き、後宮俊夫牧師（世光）がヨハネ福音書四章一三―一四節をテキストにして説教された。三日目は高校生の井上（世光）と吉崎（洛南）の証しに続き、後宮牧師がマタイ福音書一六章一三―一四節から説教された。天幕伝道集会を終えて数日後に、城陽市の平居宅で家庭集会を担当する。「地の塩、世の光」（マタイ五章一三―一六節）について話した。平居夫妻をはじめ近所の方や教会員を合わせて一〇名ほどの参会者は、講話に関して積極的に意見を述べて下さった。

八月二八日に初めて礼拝説教を担当する。この日はKが来てくれたので、枚方市駅で待ち合わせ、早目に教会に着いた。説教は「目標を目指して」（フィリピ三章一三―一四節）だった。壇上に上がると、高杉先生や退院間もない小原先生、幼児園の宮川先生、神学部の緒方先生夫妻、同志社香里高校の大橋先生などの真剣な顔が見える。三〇分余りの説教をする。礼拝が終わると、司会者から「夏期伝道師、ご苦労様でした」と言葉をかけられた。出席者からは個別に説教に対する感想を聞き、別れの挨拶を交わした。青年会のみんなとは小原先生を交えて話をする。それからKと大阪のデパートに立ち寄り、ゆっくり過ごしてから帰った。神学生として良い経験を積ませていただいた三か月間だった。九月になると神学部事務室へ行き、洛南教会における活動報告をした。その時に、「来年度は派遣神学生を希望します」と伝えておいた。

ゆっくりしておいでやす

香里教会のよるだん会は一九七七年四月に担当者が大学三年生の菅義嗣・藤本麻奈・長山のぞみと、二年生の小西正哲へと一新した。その中に本人の希望により、Ｋが会計として加わる。彼は一九七五年九月から礼拝出席を始め、よるだん会への参加も続けていた。人となじめなかったＫに変化が見られたのは、この年の春だった。病気の回復も順調で、「退院の日が近そうや！」と喜んでいた。本人の希望とみんなのサポートを確認して、よるだん会会計を担当してもらった。

月一回開かれていた枚方集会には毎回参加する。五月一〇日と六月五日にはヨブ記をテキストとして講話も担当する。集会参加者も増え、二〇名に近づいていた。中心にいた赤木武次は、集会の発展を何よりの楽しみにしておられた。安原富美は、「いつの日か、枚方集会が教会に発展できますように」と祈っていた。教会学校では青年科（中学生・高校生）の教師を続けたが、分級は持たなかった。粟飯原と山田、それに新しく加わった藤本と野口雅彦が分級を担当する。それでも八月に由良キャンプ場で開かれた青年科夏期キャンプには参加し、主題講演「君の笑顔の向こうにある悲しみ」（イザヤ五三章四節）を担当した。

後期は本行健三とよく帰った。丸太町教会までは一緒に行き、そこから京阪三条駅まで一人で歩く。本行は訥弁で多くを語らない。しかし、誠実な人柄がにじみ出ていた。

本行　入院している父親は癌なんです。
塩野　心配ですね。
本行　これまでは学部を終えたら大学院への進学を希望していました。けれども、断念しました。
塩野　残念です。
本行　来年三月には北海道へ帰ります。ただし、勉強は続けるつもりです。
塩野　ぜひ、続けて下さい。忍耐がいるでしょう。それでも、取り組み続けて下さい。

本行が土肥ゼミで沢茂吉について発表した日も帰りは一緒だった。

塩野　沢茂吉の発表は、フロンティア精神の持ち主という点が興味深かったです。

本行　土肥先生はアメリカ・キリスト教史から説明されていましたね。

塩野　西部開拓期にメソジスト派とバプテスト派はフロンティア精神によって活動地域を広げたが、会衆派はだめだった。

本行　あの場合、「会衆派は権力と結びついたことによってフロンティア精神を失った」という指摘が重要だと思う。

塩野　日本のキリスト教もフロンティア精神だけは大切にしたいですね。

松隈隆子と大学で出会う機会は少なくなっていた。しかし、会うと親しく話をした。

松隈　天満教会で仕事をするようになって、進路について疑問を持つようになったの。

塩野　僕は神学生で立場が違うけれども、疑問ってよく分からないな。

松隈　教会員だったり神学生だったりした時は、無償で奉仕できてよかった。

塩野　伝道師の仕事って無償の奉仕の延長だと思うんだけれど、違うのかな。

松隈　そうじゃないのよ。牧師の仕事にも世俗的なものが付きまとうの。世俗的な世界と切り離して、教会の仕事ってできないのよ。

塩野　そんなものかな。

松隈　教会の仕事に世俗的なものが絡んでくると、自分が高慢になってしまいそうでいやなの。教会の仕事に私は向いていないんじゃないかと悩んでいるの。

松隈隆子から「お茶会があるの。一日だけ授業を休んで、参加してくれない」と誘われる。一一月だった。大徳寺の支院で行われたお茶会には松隈夫妻と天満教会の女性会員、それに私が参加する。松隈隆子のお手前でお抹茶をいただいてから、四人で直指庵を訪ねる。玄関の前で草を引いておられたのが、考えてみると住職の広瀬善順尼だった。尼僧の「ゆっくりしておいでやす」というお誘いに、お寺に上がらせていただき驚いた。直指庵を訪ねてきた女性の手紙が何通も置かれていたからである。その時求めた二冊の本、広瀬善順『こころの灯』『続　こころの灯』は心を揺さぶらずにおかない内容に充ちていた。

よるだん会の研修会を一〇月九日—一〇日に香里教会で行った。天満教会から松隈正徳伝道師・隆子夫妻と中川憲次神学生が駆けつけて下さる。九日に「いつも喜んでいなさい」（フィリピ四章四節）と題して話した。松隈正徳伝道師は「青年と信仰について」（ガラテヤ五章一、一〇―一一節）講演する。一〇日には中川神学生が「青年の失敗・挫折・誤解と信仰について」（コヘレト三章一〇―一一節）問題提起をした。松隈隆子は「あなたはどこにいるのか」（創世記三章八―九節）と題し、シモーヌ・ヴェイユを手掛かりに話した。四人の講話を受けて、参加者による話し合いが盛り上がる。

二五ばんめの秋

一〇月中旬に神学部事務室から呼び出される。申し出ていた希望に対する返答だった。

塩野さんの一九七八年度派遣神学生に関する申し出に対して、村山盛敦牧師の豊中教会を紹介します。念のため断っておきますが、これはあくまで紹介であって決定ではありません。今後は塩野さんが村山牧師と連絡を取り、話し合って決めて下さい。

自分から申し出ていた希望ではあった。しかし、具体的な提案を受けると迷いが生じる。何よりも中学三年生の六月以来一〇年間通っていた香里教会との関係に対して判断しかねた。いずれにしても連絡を取っておく必要はある。豊中教会の村山牧師に電話して、「香里教会の了解」を理由にしばらく返事を待ってもらった。

思案していてふっと思いついたのが、一〇年間の総括として仲間を招く企画だった。会場としては自宅の算盤教室を使い、誕生日の一一月二日に「二五ばんめの秋」と題して集まる。急な呼びかけだったが、三〇名を越える参加者があった。第一部は燭火礼拝で、プログラムは次の通りである。

黙　祷		皆で朗読
点　火	「さあ行こう、仲間たち」	塩　野
集いの感謝		皆で歌う
歌　お　う	我が友よ（瀬野勇作）	塩　野
聖　書	マルコ一〇章四六―五二節	塩　野
黙　想	メッセージ	

とりなし　　　　　　　　　塩　野
歌おう　我が友よ　　　　　皆で歌う
分かち合い　　　　　　　　皆で語る
消　火「さあ行こう、仲間たち」　皆で朗読
黙　想

第二部は食事会で、しばらくすると前方に設けていた舞台で出し物が始まる。フォークソングが続く中、立ちあがったのは安原富実だった。この日は和服の彼女が、「故郷岡山県の盆踊りです」と紹介して踊り始めた。柔らかな身のこなしで縦横無尽に踊ると、「ブラボー！」という叫び声とともに会場から拍手喝采が起こった。この日一番のサプライズだった。

表紙「25ばんめの秋」

渡辺孝治から一二月中旬に、「久しぶりに下宿に来ないか」と誘われる。向かう途中、「僕は時々この店に寄るんだ」と言って三条通にあ

った洋菓子屋に入って行った。お茶請けを求めて下宿に着くと、渡辺から切り出された。

渡辺　松隈君から聞いたんだけれど、進路のことで塩野君は迷っているようだね。

塩野　そうなんです。派遣神学生として豊中教会へ行くべきか、香里教会に留まるべきか、判断しかねています。

渡辺　迷う時はね、壁に沿ってしばらく歩くんだ。そして一度決断したら、後ろは振り返らない。

「25ばんめの秋」集合写真（1977年11月）

塩野　その通りだと思います。迷う時は、「迷うだけ迷ったらいい」。ただし、「こうだ」と決めたら振り返らない。判断が鈍りますから。

渡辺　それからね、塩野君。努力していると、迷いは必ず生じるものなんだよ。今の塩野君の迷いも、僕から見れば努力あってこそだと思うな。

塩野　そのように見ていただいて、「ありがたい」と思います。

渡辺　もう一つ、言っておきたいことがある。「良い人は暗闇を歩いても、道を踏み外さない」。塩野君はきっと大丈夫だ。

一九七八（昭和五三）年一月三日、恒例の「新春凧揚げ大会」のため朝から香里教会に集まる。第一部は礼拝で「フロンティアスピリット」（マタイ七章七―一二節）と題して説教を試みた。それから凧作りである。竹ひごに和紙を張り、手製の凧を作る。この年は同志社凧を作った。昼食を終えると、みんなで枚方市立第二中学校のグラウンドへ行く。思い思いの凧が舞う中を同志社凧も上がっていった。教会で片づけを終えてから、招いて下さった樋口家へ出かける。先輩の教会青年が何人もいた。誰から聞いていたのか知らないが、私の進路も話題になる。実は年末に「一九七八年度は派遣神学生として豊中教会へ行く」希望を杉田牧師に伝えていた。次のような意見が出る。

樋口恭夫　香里教会に留まる必要はない。なるべく田舎の教会へ行って、しっかり学んでほしい。牧師を目指す以上、プロであってほしい。

清水正憲　今は香里教会に留まったほうがよい。大里先生の二〇年間、杉田牧師の七年間を教会史として書き留めることができるのは塩野しかいない。それを仕上げると、必ず塩野のためにもなる。

池田義晴　香里教会は出たほうが塩野君のためになる。新しい場でしっかりと学ぶことが大切だ。

安達英行　塩野のためには新しい場で学ぶことだ。

上野孝一　「出た方がいい」と言えれば格好は良い。しかし、そんなことをしたら香里教会はどうなる。よるだん会も教会学校の青年科も大黒柱を失うことになる。俺は正直言って、「残ってもらわないと困る」と考えている。

寝屋川十字の園へ礼拝説教の担当者として一月六日に出かける。事務室で待っていた間、施設長の内本栄一から「キリスト教の施設と知って、関係者で入所される方が多い。礼拝も充実している」と伺う。少し早目に部屋を出て、二階の集会室で待つ。車椅子や歩行器で来られた方々二〇名余りで満席になる。礼拝ではみんなで「主、我を愛す」を歌い、「主はそれを良きに変えて下さった」（創世記五〇章一九―二一節）と題して説教する。礼拝の間、ひときわ目立つ人がいた。前列中央のテーブルで、左端に座っていた男性である。鋭い目つきをしていて、彼の存在が会場を引き締めている。終わってから内本に尋ねると、

「松山高吉の息子で、松山到芳という絵描き」だった。それからも礼拝に出かけるたびに到芳は同じ席に座っていて、真剣に参加しておられた。

一月中旬、尿検査の結果が悪化したため「自宅安静」を指示される。このような結果は予想していなかった。しかし、指示は受け入れるしかない。自宅に帰ると、検査結果を両親に報告した。二年半ぶりに昼間は母屋のベッドで休み、夜は別棟に帰る生活に戻る。その頃には弟が両親の仕事を手伝っていた。病

寝屋川十字の園での礼拝（1978年1月）

床に伏した当初は寂しさに襲われた。柔道部の同級生で結核で入退院を繰り返し、二〇歳で自殺した仲間がいる。なぜか、彼のさみしさが思われた。しばらくするとモーツァルトのピアノ協奏曲を聞き、レオ＝レオニの作品を眺めて思った。「ゆっくりと音楽を聴き、絵本を楽しめるのも病気のおかげだ。悪いことばかりではない。前向きに考えよう」。二月三日に、渡辺孝治と松隈正徳がお見舞いに来て下さる。「修士課程に入ってから、塩野君はよく勉強をしていた。それに昨年暮れからは進路をめぐるストレスがあった。この度の悪化は体が正直に黄色信号を出したのだと思う。春に備えて、今はゆっくり休んでほしい」。三月四日にはKが来て、「真っ暗や！」と大きな声で言う。最後に、「予定されていた退院ができなくなり、毎週一泊二日の入院を続けることになった」と報告して帰って行った。見送りながら、「無理もない」と思う。わずか一か月半の病床生活でも、「暗く、長く、つらい」。それに比べてKの場合は入院生活が一〇年にもなる。心待ちにしていた退院ができなくなれば、「真っ暗や！」と思いたくもなるだろう。その時はKの病状悪化に私の進路が関係しているとは想像もできなかった。三月の検査結果が落ち着いていたので、少しずつ日常生活へ戻していくことにする。

その矢先、三月一八日に池田義晴がKの兄とお見舞いに来て下さる。二人は同志社香里高校で同級生だった。「同志社香里高校を卒業してから、歯科医になるための勉強に打ち込んできた。それで身近にいる弟の世話をしてやれなかった」と語る兄の言葉には苦悩が溢れていた。ところが、池田から意外な意見を聞く。「塩野君は誰に対しても良い人であろうとする。しかし、自分の道を歩もうとすれば誰に対しても良い人であることはできない。そのような場合、迷うことなく自分の道を行けば良いのだ」。池田の言葉にハッとさせられた。兄のお見舞いは「Ｋと再会してから七年間へのお礼」であり、「塩野さんが豊中教会に行かれたら、これからは家族で弟を見守っていく。だから弟のことで何も心配することはない」という意思表示だった。それに対して、池田も「Ｋのことは心配しないで、豊中教会で勉強すればよい」と応援していたのだ。早速、よるだん会の責任者数名に集合をかけて小西家に集まってもらい、Ｋの事情を説明した。その上で、「彼のことをよろしく頼む」と頭を下げた。香里教会にも足を運び、杉田牧師にＫへの配慮を「くれぐれもよろしく」とお願いした。

註

（1）「図書カード」によると、一九七七年度に読んだ本は次の通りである。
［祈り・説教］J・ベイリー『朝の祈り夜の祈り』、佐伯倹『天の父よ――私たちの祈祷集』。［組織神学］野呂芳男『ウェスレーの生涯と神学』、ティリッヒ『組織神学　第2巻』。［聖書神学・実践神学］榊原康夫『旧約聖書の生い立ちと成立』、シュラッター『新約聖書注解1 マタイによる福音書』、小林公一『一般の教育とキリスト教教育』、福井達雨『僕たち太陽があたらへん』、織田楢治『チゲックン』、深田種嗣『陶工――深田種嗣牧師帰天二一周年を記念して』『同志社の思想家たち　下巻』、井上洋治『日本とイエスの顔』、榎本保郎『ちいろば』。［宗教と社会］森岡清美『現代社会の民衆と宗教』、神島二郎『近代日本の精神構造』、唐木順三『日本人の心の歴史　上』、武田清子『土着と背教』、鹿野政直『日本近代化の思想』、梅原猛『塔』、吉川英治『親鸞』、内山興正『宿なし法句参』。［人生論］広瀬善順『こころの灯』『続　こころの灯』、亀井勝一郎『青春論』、畑正憲『ムツゴロウの青春』『ムツゴロウの結婚記』、遠藤周作『愛情セミナー』、石川達三『恋愛論・結婚論』、カント『道徳形而上学原論』、坂口安吾『堕落論』、倉田百三『愛と認識の出発』『出家とその弟子』。［絵本・児童文学］サン＝テグジュペリ『星の王子さま』、レオ＝レオニ『さかなはさかな』『せかいいちおおきなうち』『あおくんときいろちゃん』、松谷みよ子『龍の子太郎』、イ・ユンボギ『ユンボギの日記――あの空にも悲しみが』。

（2）「君は天使を見たか」塩野和夫『一人の人間に』一一六頁参照。

第四章　この道を行く

しもべは聴きます

一九七八（昭和五三）年四月、大学院へ復帰できた。ただし直前に二か月間の病床生活を余儀なくされていたので、この年度は修士論文の執筆に専念する。[1] 野本真也先生は初年度に「論文の個性を生み出すのは動機で、執筆中に繰り返し立ち戻るのも動機だから」と指摘して、論文執筆の動機を詳しく書くように指導された。二年目の春にはヘブライ語原典の翻訳と並行して、「研究史の整理」を求められる。そこで、前期は日本語・英語・ドイツ語の聖書を参考にしながら詩編四二・四三編を翻訳し、研究史をまとめる作業に没頭した。[2]

その頃、よく話し合ったのが戸田義孝である。戸田は東京外国語大学でドイツ語を学んでから、同志社大学神学部に来ていた。同志社教会に出席していたので話題も共有できた。京阪電車の伏見稲荷駅の近くにあった下宿うずら荘を訪ねたのは五月二三日である。戸田はゴッホを語り、井上陽水を論じ、「人間はぎりぎりのところに置かれる。それは一見、異常とも見える。しかし、そういう所を通ることによって私たちは神と出会う」と強調した。浄土宗の寺院に生まれ、毎朝の読経で鍛えられていた戸田の声には力があった。帰り際の会話である。

戸田　神は何もかも奪い取っていかれる。しかし、そこでこそ神の恵みが分かるんだ。
塩野　戸田は泣いたか。
戸田　もちろん、泣いたさ。

うずら荘を後にしてからも、強烈な言葉は心に響き続ける。「戸田の経験は宗教改革者のルターにも、実存主義者キルケゴールにも似ている」と思った。しかしその時は、まさか自分が涙なくして通ることのできない道を歩まねばならないとは考えもしなかった。

派遣神学生として四月から日本キリスト教団豊中教会に通い始める。最初の集会は四月

豊中教会の祈祷会（1978年4月）

二日夜の祈祷会で、柏木大観[3]担当により一階の和室で行われた。祈祷会の開始と共に、柏木の「キリスト教に日本は禅で貢献できる。禅で心を空しくするとは、自分が無になることである。前の障子に自分が見えてくるまで自らを無にする」という声が響く。それから座布団を二つに折り、障子に向かって禅を組む。しばらくして、両足を組んで座り黙想する参会者に柏木の声が聴こえてきた。

しもべは聴きます。
祈りとは主の声を聴くことである。
そのために心を空しくする。
そこにのみ、御声が聴こえてくる。

「愛さねば」と思う心には反動がある。
空しくした心が主に押し出されておのずと愛する。
そこに愛がある。

六月中旬によるだん会の菅義嗣から連絡が入る。「Kが一か月くらいで教会に来なくなった。入院しているらしい」と言うのである。菅、藤本、小西正哲、小西裕亮と塩野が小西家に集まった。土曜日の夕方だった。

塩野　Kのことは杉田牧師にもよくよくお願いをしておいたが……。
藤本　この件で杉田先生とは一切話をしていません。
塩野　それにしても、一か月で病状が悪化するとは考えていなかったな。
菅　塩野さんから言われてましたから、気を付けていたんです。
正哲　けれども、塩野のお兄ちゃんの代わりは誰にもできひん。
裕亮　みんな分かってるんや。塩野先生が豊中教会に行ったから、Kさんは香里教会に来なくなった。でも、塩野のお兄ちゃんにはお兄ちゃんの事情がある。そうやか

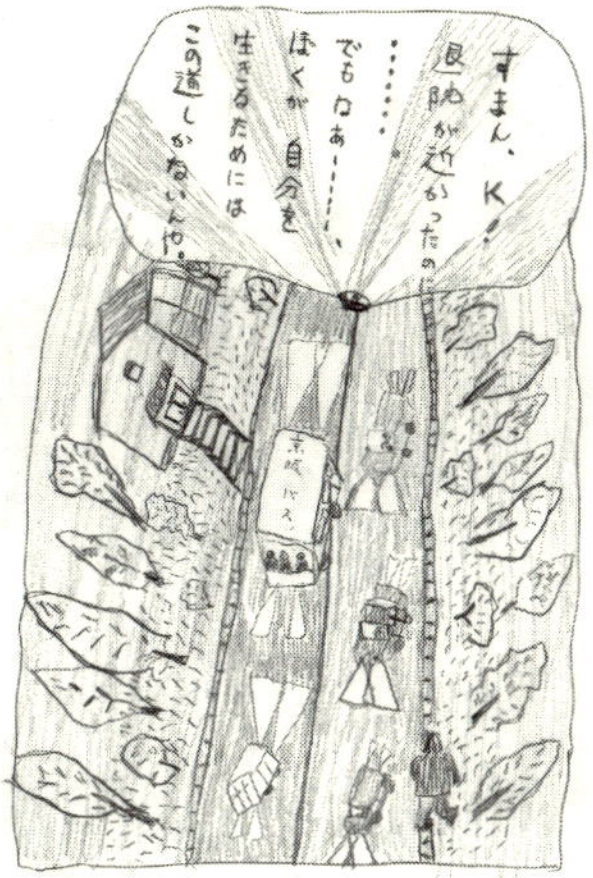

禁野の坂を上る（1978年6月）

ら、みんな何も言われへんのや。

塩野　そうやな、……。本当にむずかしい問題や。

小西家を後にすると、京阪電車香里園駅の洗面所に直行した。涙の滲んだ顔を洗うためである。枚方市駅から自宅まで歩いて帰る途中、派遣神学生を引き受けたことと、Ｋの病気との関わりについて考え続けた。けれども、いくら考えても答は出ない。真っ暗な禁野の坂を歩いた時には、声にならない声を出すしかなかった。

すまん、Ｋ。
退院が近かったのに……。
でもなあ……、
ぼくが自分を生きていくためには、
この道を行くしかないんや。

使命と信じた道を歩む。しかし、そのために一人の友人に与えてしまった衝撃の大きさに泣くしかない帰り道だった。翌日は日曜日で豊中教会へ出かける。しかし、体調不良のため、一日中牧師館で休ませてもらった。

「天国にいる大里先生へ」

豊中教会の教会学校は小高科（小学生四・五・六年生）に所属し、西村千里と小学六年生の分級を受け持つ。小高科の礼拝では、ほぼ毎週説教を担当した。関西学院の千刈キャンプ場で行われた夏期キャンプ（七月二五日—二七日）では二日目夜のキャンプファイヤーを担当する。燃え尽きていく炎を見ながら、「温かい心って何だろう」と話しかけた。

大里喜三先生が亡くなられた時、ある女学院（犯罪を犯した未成年女子の更正施設）の生徒たちが心を込めて「天国にいる大里先生へ」という文集をまとめます。その中にある女の子が書いていました。

大里先生が毎週毎週私たちのために来て下さった。

でも、いじめられていじめられて育った私は、優しい大里先生のお話を信じることができなかった。

そんなある日突然、彼女は「大里先生が亡くなられた」と聞きます。そして、大里先生への思いを記すのです。

なぜ、先生は天国へ行かれたのですか?!

今、ようやく先生を信じることができるようになった私を残して……。

いじめられて育った女の子には、大里先生の優しさが分からない。だから、先生を信じることもできなかった。それでも、大里先生は毎週来られて温かい心で接して下さる。実はその時、彼女は少しずつ信じる心へと開かれていた。だから、「温かい心って何だろう」という問いは、「温かい心の人と出会ったことがありますか」と同じ内容になります。

生徒はキャンプファイヤーの話の時だけ静かに聞いていた。ところが、緊張感がなくなるとたちまちにぎやかになる。そのような生徒と向き合うためには、「柔軟でなければ務まらない」と教えられた。

神学生として所属したグループがもう一つあった。青年会である。礼拝が終わると、青年会のメンバーはぽつりぽつりと一階の和室に集まってくる。予定されているプログラムは何もない。それでも集まると話が弾む。同志社大学神学部の村山盛葦と関西学院大学神学部の八谷俊久も神学生として所属していた。青年会の担当は村山で、八谷と塩野がサポートした。五月五日には六甲へハイキングに出かけ、天満教会の中川憲次神学生も参加する。

豊中教会では礼拝説教を三回担当した。出席者は一五〇名くらいだった。説教台に立つと、一人ひとりの顔がよく見える。みなさん真剣に耳を傾けておられた。良い勉強になる。九月一〇日の礼拝後に聖餐式をめぐるディスカッションが行われ、パネリストとして参加する。その頃、豊中教会の聖餐式はオープン（未受洗者も聖餐式に参加できる）だった。そこでオープンに賛成の主張を村山牧師と内田政秀先生（関西学院大学神学部教授）が、反対の主張を私が紹介した。ただし、議論を深めることはむずかしかった。

修士論文は進まなかった。詩編四二・四三編の翻訳に続いて、ヘブライ語原典の分析をしなければならない。単語・語根・文章の構成と分析を試みた。ところが、来る日も来る日も取り組んでいるのに、終わりが見えない。夏はあっという間に過ぎ去っていった。秋になると、バウマンの仮説に従って伝承史の考察を行う。この作業も複雑で、最終章の神学的考察に入ったのは、一二月半ばだった。なんとか間に合わせた原稿を揃え、コピーを事務室に提出したのは一二月下旬である。

いくつもの別れ

野本ゼミで修士論文を発表したのは一九七九（昭和五四）年一月二九日、野本先生の自宅においてだった。この日も私の修士論文をめぐって議論が弾む。野本先生から読み込みをしないで聖書テキストから豊かに汲み取ること、何事においても内側と外側の論理を柔軟に総合的に考察することを学んだ。

修士論文の提出に先立って、日本基督教団補教師の試験を受けた。出願にあたって教会の推薦が必要になる。推薦を香里教会と豊中教会のどちらにお願いするのかという問題が

野本ゼミ集合写真
（1979 年 1 月、野本先生宅）

塩野和夫神学生送別会香里教会有志
（1979 年 3 月）

あった。その時にいち早く事情を察して動いて下さる方がいた。香里教会の宮本酷生である。彼は事前に役員を説得し、一二月三日の香里教会役員会で塩野和夫神学生の推薦にこぎつけて下さった。香里教会のためにも、私のためにも、補教師試験の推薦は香里教会でよかった。教師検定試験の課題である説教は、「正義を知らず」（アモス五章九―一二節）と題して作った。三月四日には香里教会枚方集会の方々が集まって下さる。赤木武次からは「ひとつ私のできなかったことをして下さい」と印象に残る言葉をいただいた。高校三年生から一〇年間続けていた小西家での家庭教師は、三月一六日が最後となる。

豊中教会のぶどうの会（既婚女性の集い）が「塩野神学生を囲んでお話を聞く会」を一月一七日に開いて下さる。神学生になるまでと、なってからのいきさつを紹介し、「神学生を育てる教会であって下さい」と結んだ。一月末の週報に、「ある青年会会員の家族が東京へ転居される」と掲載されていた。その日、礼拝に出席していた母親と彼女に挨拶したところ、自宅へ招待される。お訪ねすると、ドビッシーの「水の反映」を聴かせていただいた。不思議な曲だった。目の前に波の模様がさまざまに描き出されていくような、絵画的な音楽である。音の純粋性が記憶に残った。三月一八日の訣別説教は「イエスに従って行った」（マルコ一〇章四六―五二節）と題して語りかけた。

赴任先教会として紹介されていたのは、高知県の土佐教会だった。ところが、直前になって滋賀県の大津教会に変更される。母は転居にあたって、冷蔵庫や洗濯機など生活用品を整えてくれた。それらと共に三月末に枚方市から大津市に転居した。

註

（１）「図書カード」によると、一九七八年度に読んだ本は次の通りである。〔祈り・説教〕小野一郎『祈りの生活』、関山和夫『説教の歴史』。〔組織神学〕Ｆ・アルメン『聖餐論』、バルト・クルマン『洗礼とは何か』、Ｊ・エレミアス『イエスの聖餐の言葉』。〔実践神学〕鮫島盛隆『赤沢元造』、倉田俊丸『釘宮辰夫伝――祈りに生きた伝道者の生涯』。〔宗教と社会〕曽我量深『本願に生きる』、加藤耕山『大乗禅』。〔人生論〕岡真史『ぼくは一二歳』、岡百合子編『大空に舞った少年よ』、高史明『一粒の涙を抱きて――歎異抄との出会い』、沢村貞子『私の浅草』。

(2)「聖書との出会い――苦悩の道を辿る」塩野和夫『キリストにある真実を求めて――出会い・教会・人間像』四一―一四〇頁参照。

(3)「大きな心」塩野和夫『一人の人間に』六五―六六頁参照。

第五章　頑張るんやで、和夫！

大津教会着任

京阪三条駅で乗り換え、浜大津駅の一つ手前になる上栄町駅で下車した。路面電車の電停を思わせる小さな駅だった。一九七九（昭和五四）年三月中旬である。長等公園を囲む山々を背景にして、狭い道を西の方角に進む。初めて歩く大津の街は何十年も変わることなく立ち続けているように見えた。一〇分程で日本キリスト教団大津教会(1)に着く。教会の東側を走る中央大通や南にある国鉄大津駅、その前に立つビルは近代的な装いを見せていた。

訪問を待っていた堀川勝愛牧師(2)は挨拶もそこそこに、「教会周辺を案内しましょう」と言って歩き始められた。まず、中央大通を琵琶湖に向かって下り浜通まで来る。そこで立ち止まると北側に立つ大きな建物を指し示しながら、「これが旧組合教会の会堂で、現在の白玉町伝道所です。歴代の伝道師はここに住んでいました」と教えて下さった。そこから向きを変えて、中町通と京町通の商店街をゆっくり歩く。一時間くらい経って教会のすぐ南側まで来た時、堀川牧師は前にある長屋を指して言われた。「現在のところ、この長屋の一番西側の家が伝道師住居になる予定です」。

教会に着くと、牧師と伝道師の仕事分担に対する考えを聞かせていただいた。

堀川牧師　大津教会は仕事が多く、牧師だけではとても手が回りません。

塩　野　そんなに忙しいのですか。

堀川牧師　そこで牧師は礼拝における宣教（礼拝説教を大津教会では「宣教」と呼んでいた）と幼稚園の仕事を中心としたい。

塩　野　分かりました。

堀川牧師　伝道師にはそれ以外の周辺的な仕事、教会学校・祈祷会・家庭集会などに責任をもってもらいたい。

塩　野　分かりました。

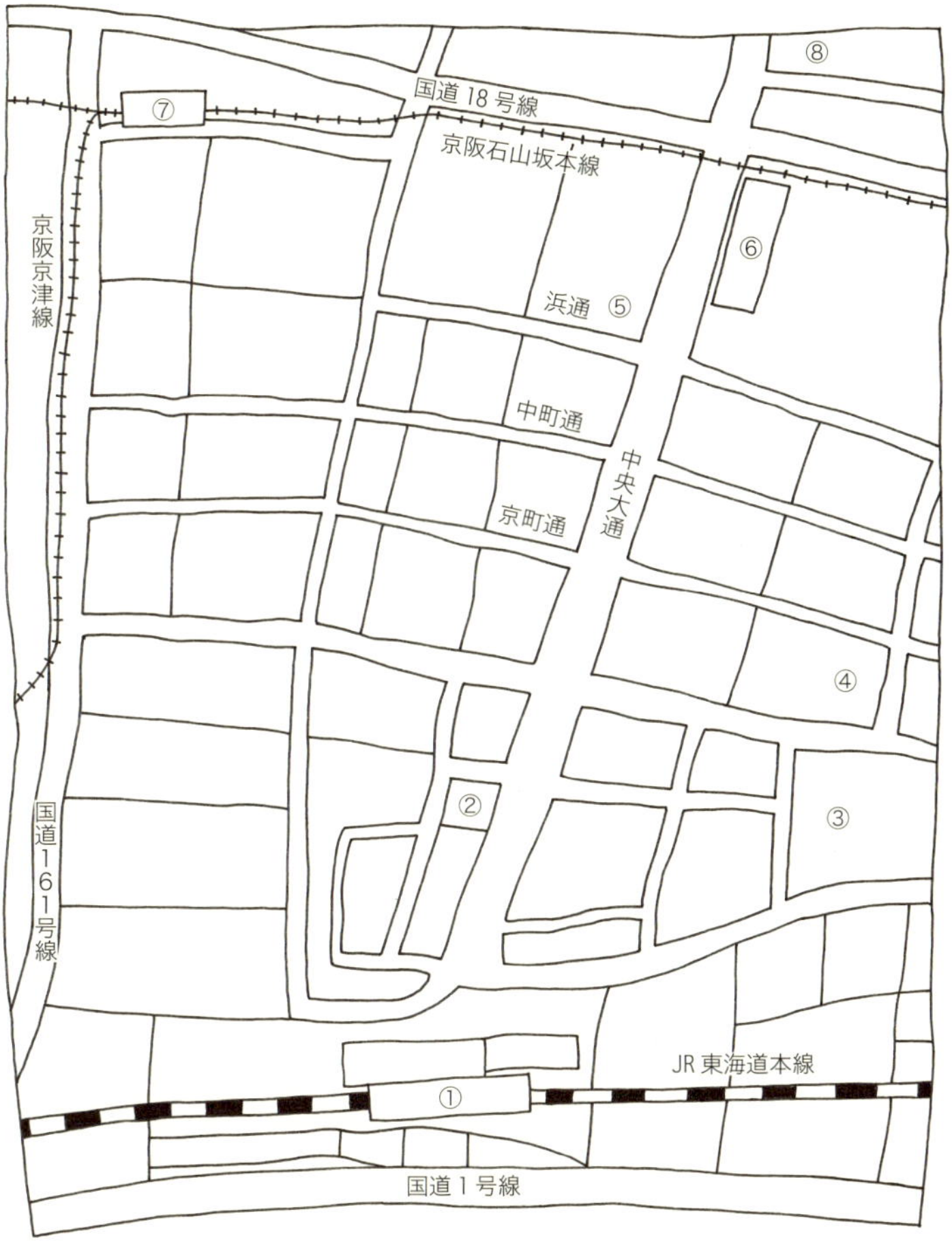

① 国鉄大津駅　② 日本キリスト教団大津教会・愛光幼稚園　③ 滋賀県庁　④ 滋賀会館
⑤ 白玉町伝道所　⑥ 中央団地　⑦ 浜大津駅　⑧ 大津市民会館

大津教会周辺図（1980年当時）

堀川牧師　それと前任の原牧師が始められた早天祈祷会があります。月曜日から金曜日の朝六時から七時まで行っていますが、これにも出席してみて下さい。
塩　野　出席してみましょう。
堀川牧師　先ほど案内した伝道師住居は最終決定ではありません。決まれば連絡しますので、それまで待っていて下さい。

伝道師の仕事内容について、具体的には何も考えていなかった。ところが、堀川牧師の話からすると、教会学校・家庭集会・祈祷会と忙しくなりそうである。それで四月からの仕事に関して思いを巡らしていた。そんな息子に代わって転居準備を進めたのが母である。ある時、仕事の合間に暇を見つけた母は私に声をかけてきた。

母　今から家具団地まで行くから、ついておいで！
和夫　家具団地って、行ったことないな。
母　あんたのお祝いの品を買いに行くんや。

三人で弟の車に乗り、家具団地というエリアへ行った。見当をつけていたらしく、ある店の前で車を止めると母は広い店内に入っていく。ついていくと、机と椅子を販売しているコーナーに来た。店員と相談してまず机を、次いでそれに見合った椅子を決める。その上で大津の住所が決まってから、そちらへ届けてもらうことにした。見たこともない机と椅子には、「大津に行ったら、しっかり仕事をするんやで！」という両親の気持ちが込められていた。それから食卓用のテーブルと椅子二脚、それに冷蔵庫も揃えてくれた。

　堀川牧師から電話があったので、三月二八日の朝から弟の車で大津に向かう。伝道師住居は中央大通を琵琶湖に向かって下り、京阪石山坂本線と交差するすぐ手前にある中央団地に変更されていた。教会でアパートの鍵を受け取ると、団地に直行する。九階建ての四階で四一二号室だった。白玉町伝道所の管理人だった袖岡秋之助・こう夫妻も六階におられたので、まず挨拶に行く。それから部屋の整理は母と弟に任せて、前任の亀田正己伝道師(3)を白玉町伝道所に訪ねた。引っ越しの準備に忙しくされていたが、アドバイスを聞く。「大津教会の歴代伝道師は会員の高槻碩夫医師からオートバイをプレゼントしてもらっている。仕事に役立つから、もらったらいい」。「ここのユニットバスは購入して日がたたないので、使わなくなるのはもったいない」。仕事の引継ぎを期待していた私には意外な内容だった。けれども、言葉の端々から「やりたいように、やったらいい」と聞こえてきた。失礼して教会へ向かう。堀川牧師が待っておられ、会堂の内部を案内していただいた。二階の伝道師室の前に来るとドアを開けて、「明日から、この部屋で執務して下さい」と言われた。

アパートへ帰ると、片づけられた部屋に三人分のお弁当が置かれている。遅い昼食を終えると、母は弟の車で帰っていった。一人残った私は仕事の準備として、伝道師室に運ぶ本とノートそれに文房具を整えた。それから駅前のスーパーへ行き食材を求める。夕食を終え、朝の五時に目覚ましを設定して布団にもぐる。うとうとしていると夢を見た[4]。

まだ薄暗い早朝の道で、左側にレンガの壁が続いている。壁の向こうには大きな建物も見える。工場に違いない。レンガ壁に沿った道を見ていると、急いで歩いている中年男性の後姿が現れた。その姿からは仕事に対する真剣さが伝わってくる。それは父だった。「仕事は一生懸命にするものや。頑張るんやで、和夫！」父は全身で語り

早天祈祷会（1979 年 3 月 29 日）

かけていた。

伝道師はテクシーです

　翌朝は五時四〇分にアパートを出て、教会に向かった。早天祈祷会に参加するためである。暗い中央大通は意外と勾配があった。祈りつつ坂を上っていく。鍵の開けられた玄関から教会に入る。会堂二階にある集会室のドアを開けると、驚いた様子の二人がいた。高槻（恒子）のおばあちゃんと中村真一である。

塩野　おはようございます。四月から伝道師として赴任する塩野です。

高槻　原忠和先生より早天祈祷会を任せられた、私が高槻です。先生のことは堀川牧師より聞いております。今日はようこそおいで下さいました。

中村　中村真一です。よろしゅうお願いいたします。

「私が高槻です」と言われたおばあちゃんの言葉は誇らしげに聞こえる。胸を張り右手でポンと胸をたたく動作が伴っていたからである。開会まで少し時間があったので、おばあちゃんから祈祷会の説明をしていただく。祈祷会を終えると、お茶が用意されていた。時々、おまんじゅうもいただく。参加者には大場文子・北村初子・掛上禮子がいた。帰りがけに奨励を依頼され、引き受ける。その際に、聖書箇所は創世記一章へと変更された。それから一年一〇か月、病気に倒れるまで早天祈祷会への出席を続ける。

アパートから朝九時には教会へ戻り、伝道師室で担当する集会の構想を練っていた。するとトントンとドアをノックした方がいる。「誰だろう?」と思いながら、「どうぞ」と声をかけると、中村真一だった。

塩野　先ほどは早天祈祷会、ご苦労様でした。

中村　堀川先生に頼まれて、週報を取りに来ました。
塩野　週報ですか？
中村　はい。休まれたお方の週報です。それをお宅まで届けて回るのです。
塩野　それはご苦労様です。

中村はたびたび伝道師室を訪ねてきた。その度に表情を崩して、やんちゃだった頃の思い出を話した。ところが、中学生で小児まひを患い、体が不自由になる。それからの話をする時はどことなく沈んだ様子だった。

午後に伝道師室の電話が鳴る。「誰だろう？」と思いながら受話器を取ると、堀川牧師だった。「幼稚園の先生方と商店街まで新年度の備品を買いに行きます。紹介しておきたいので、一緒に来ませんか？」という誘いだった。ご一緒させていただく。ピクニックにでも出かけるような華やいだ雰囲気だった。堀川先生と堀川慶子主任が並んで行かれる後を、若手の先生方と話しながら歩いた。帰り道に「園児とグラウンドで走りまわって遊んでもらえる男の先生がいません。時々でいいので、子どもと遊んでもらえませんか」と依頼された。喜んで引き受ける。

四月一日の朝を迎える。この日の教会学校は小学科の礼拝に出席した。礼拝から分級に移る前に、西川綾子から子どもたちに紹介される。小学科に慣れていなかったので緊張する。翌週からは小学科・中学科[5]・高等科[6]のいずれかの奨励を担当した。聖日礼拝を終えると、青年有志の会に出席する。数名の参加者はそれぞれに個性豊かで、まとまりに欠ける様子だった。リードしたのは古川修平で、問いかけながら主導していく弁舌は鮮やかだった。北村充は養護学校の英語教師をしていた。小学科担当の石倉善樹は無口だった。彼は大津教会の会堂を建設した大工の祖父を尊敬し、会堂への愛着を持っていた。金子信子と鳥海信は両親が大津教会の会員だった。

四月二日も早天祈祷会で一日を始める。四月に担当する奨励について構想がまとまったのは、この日の朝である。自己紹介を兼ねて「どのような出会いや経験を通して今日に至ったか」を、四回にわたって証言することにした。四月四日午後六時からバイブルクラスを担当する。出席者は五名程度で、教会学校の生徒（梶岡創・今井健・松下晃・田巻吾郎）とバイブルクラスだけの参加者（田中義人・池田憲治）がいた。日本語と英語が並記されているギデオンの新約聖書を持参している。福音書から一章を取り上げ、生徒に英文を数節ずつ翻訳してもらってから説明した。英語塾のような雰囲気である。英語の学習を目的に集まっているのは明らかだった。ところが、しばらくしてバイブルクラスの雰囲気も参加者数も変わっていく。理由はおやつだった。

四月五日は午前一〇時から訪問伝道委員会が会堂二階の集会室で開かれる。協議の中心は新任伝道師の活動についてだった。浜本環訪問伝道委員長が趣旨を説明した。

塩野伝道師はテクシー（徒歩）です。それで各地区の担当者は塩野先生のお供をして一緒に歩き、会員に紹介して下さい。時間はたっぷりとあります。地区の状況や欠席者の事情についても説明して下さい。

黒板には四月の予定が書いてある。いずれも火曜日・木曜日・金曜日の午後で、家庭集会と重なる三日間を除いた六日である。担当者の欄はすぐに埋められた。訪問伝道初日の一二日は、浜本と午後二時に膳所駅前で待ち合わせる。事前に連絡してあったらしく、会員在宅の二軒では用意されていた部屋に案内された。聖書を読み奨励を終えると、お茶の時間となる。残ったお菓子はすべて伝道師のカバンに入れて下さった。道々、浜本から聞かされたのは長期欠席会員についてだった。

浜本　これからお訪ねする方は、若い頃には熱心に教会へ通っていました。けれども、結婚した先がキリスト教厳禁です。

塩野　むずかしい問題ですね。

浜本　それからいろいろありましたけれども、毎月届ける週報だけは本人に渡してもらえるようになりました。

塩野　教会の努力ですね。

浜本　それが二〇年は続いています。

塩野　二〇年ですか。その間の努力はすごいですね。

何気なく話される「二〇年は続いています」という言葉に圧倒された。訪問を終える

訪問伝道に歩く（1979 年 4 月、膳所）

と、浜本の自宅でお茶をご馳走になる。カバンの中はいただいたお菓子でいっぱいになっていた。

シッカリヤッテクダサイ

四月一五日はイースターで、午前七時から膳所城跡（膳所公園）で祈祷会を行う。聖日礼拝では、堀川勝愛牧師の司式により塩野和夫伝道師就任式が執行された。式の中で教会員と伝道師が誓約を交わす。重く厳粛な空気に圧倒されながら、誓約の言葉を述べた。礼拝後、寄せられていた祝電（一八通）から数通が紹介される。

同志社香里中学校・高等学校で聖書を学んだ大橋寛政先生も寄せて下さっていた。

アナタガ　デンドウシャトシテ　タタレルヒノキタルコトヲ　ココロカラオイワイモウシアゲマス　シッカリヤッテクダサイ　オオミキョウダイシャガクエン　オオハシヒロマサ

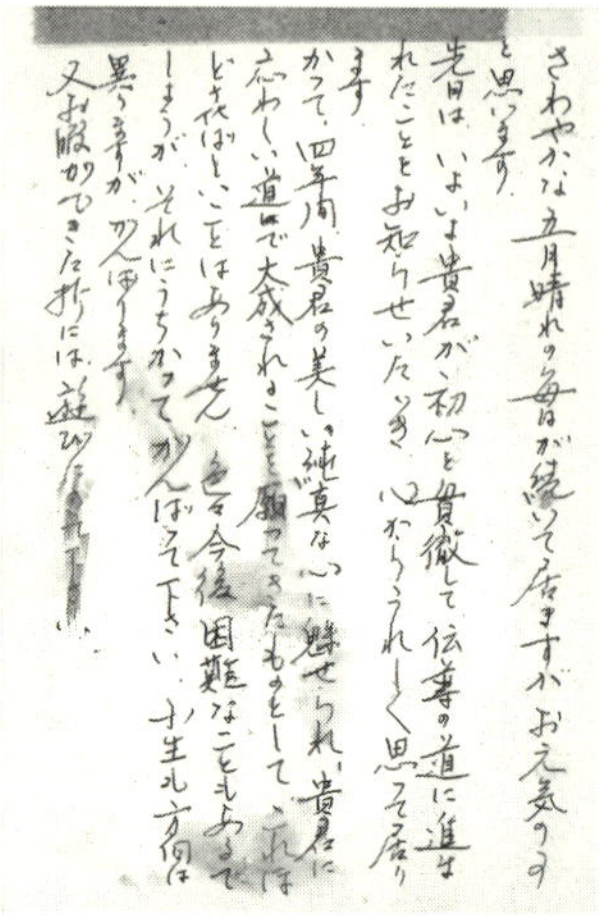

島一郎先生のお祝いの言葉
（1979 年 5 月 8 日）

香里教会の会員である四宮敏勝の祝電には、伝道師の立場を自覚させられた。

シュノオミチビキニヨリ　デンドウシトシテ　ゴシュウニンノヨシ　オメデトウゴザイマス　マヨエルヒツジニシュノアワレミガアリマスヨウ　ゴカトウクダサイマスヨウニ　イノリアゲマス　コウリキョウカイ　シノミヤトシカツ

就任式を終え、しばらくしてお祝いの葉書を送って下さったのは、同志社大学の恩師島一郎先生である。真摯な思いにさせられる言葉が記されていた。

さわやかな五月晴れの毎日が続いて居ますが、お元気の事と思います。

先日はいよいよ貴君が初心を貫徹して、伝道の道に進まれたことをお知らせいただき、心からうれしく思って居ります。

かつて四年間、貴君の美しい純真な心に魅せられ、貴君に応わしい道で大成されることを願ってきたものとして、これほど喜ばしいことはありません。色々今後困難なこともあるでしょうが、それにうちかってがんばって下さい。小生も方向は違いますが、がんばります。

又、お暇ができた折には遊びにきて下さい。

伝道師室で仕事をしていると、毎日訪ねて来る人がいた。幼稚園の事務をしていた福井恵子もその一人である。ノックされたドアを開けると、はじけるような笑顔であいさつされる。しかし、彼女の話は戦後の混乱期に朝鮮から引き揚げて来た両親の苦労、引き揚げ者に対するいじめにあった経験、そのような時に教会関係者に助けられた思い出など、重かった。塚本房子も訪ねて来ると、ソファーにどっしりと座り思い出を辿るようにゆっくりと話された。

わての家は着物の販売に歩く仕事をしていました。商売に回っていると、辛いことや疲れ切ってどうしようもなくなることがあります。そんな時に中村利雄先生が話を聞いて、「ゆっくり休んでいって」とくつろがせて下さったんです。弱さを導かれたんですな。生涯、忘れません。

教会学校校長の大矢正和も時折のぞかれた。そして、実感を込めて「切に願ったことは、みなかなえられました」と話し、「ただし、貯めることはあきません」と笑って結ばれた。会計役員の金子治彦は給料日に身だしなみを整えて、ドアをノックされた。伝道師室に入ると、深々と頭を下げ言われた。「これは先生のお働きに対する教会員一同からの感謝のしるしです。どうぞ、お受け取り下さい」。袱紗から取り出された給料袋と明細書を、私も深々と頭を下げて受け取った。

湖南地区教師会が四月一六日の午後から膳所教会で開かれた。教師の研修と懇親の時である。教師をまとめていたのは中村利成牧師である。石山教会の創設期に質屋通いをした逸話や、「向こう見ずでないと牧師は務まらない」と持論を話されると、参加者は静かに耳を傾けていた。盛り上がってくると、ある牧師が「自分は日曜日の前は決して下着を穿き替えない」と話し出した。すると別の牧師は「一点豪華主義」を説いて、「我が家の一点豪華主義はベッドです」と自慢する。そんな中で川端諭牧師がお連れ合いとのなれそめをとつとつと話し出された。みんな神妙に聞いている。湖南地区教師会は文字通り、牧師のリフレッシュタイムだった。

月に一回、聖日礼拝で宣教を担当する。着任時から考え続けてきた結果、ガラテヤ書をテキストにした。恩師である野本真也先生から「説教の作り方」について聞かされていた影響である。先生は話しておられた。

説教というのはだな、聖書のメッセージをどこまで掘り下げて聞き取っているかにかかっているんだ。だから、月曜日には原典のテキストを徹底して調べる。それから一週間、寝かせるんだな。その間に教会員の生活の中でメッセージを考え続ける。そして、土曜日には一気に説教を書きあげる。

野本先生から教えていただいた通りに、月曜日は一日かけてギリシア語原典の一字一句を徹底して調べた。そうして一週間、教会活動の中に寝かせる。土曜日には一日かけて宣教を書きあげた。次の通りである。

四月二九日　「恵みと平安とがあるように」（ガラテヤ一章一―五節）
五月二七日　「転落」（ガラテヤ一章六―九節）
六月一七日　「キリストの僕になろう」（ガラテヤ一章一〇節）
七月二二日　「アラビアに出ていった」（ガラテヤ一章一一―一七節）
八月一九日　「神をほめたたえる」（ガラテヤ一章一八―二四節）

奥ゆかしさ

家庭集会が予定されている日を除いて、火曜日・木曜日・金曜日の午後は訪問伝道に出かけた。夕方に教会へ帰ると、高校生一〇名くらいが会堂二階の集会室でたむろしている。バイブルクラスと教会学校のメンバーである。彼らの目の前に訪問先でいただいたお菓子のすべてをカバンから取り出す。たちまちあちらからもこちらからも手が伸びてきて、あっという間に机の上からお菓子はなくなった。それからしばらく、みんなで話し合う。学校における出来事、勉強と進路について、学校で受けたいじめ、親とうまく話ができない悩み、竜が丘の坂を自転車で一気に下る時の爽快感など、思い思いに話してくれる。話し終えると、自宅へ帰っていった。バイブルクラスや高校生会は参加者が増え、雰囲気も変わっていく。

五か所で開かれていた家庭集会のうち、堀川牧師は瀬田集会と園山集会を担当された。塩野伝道師の受け持ちは、桜野町集会・竜が丘集会・山科集会である。参加者はいずれも六名前後とこじんまりとしていた。けれども、それぞれに持ち味がある。桜野町集会は京阪石山坂本線の近江神宮駅で降り、徒歩数分の中村真・フジエ宅で開かれた。参加者のある方が手作りで持参される水無月をお煎茶でいただく和風な雰囲気があった。竜が丘集会は京阪石山坂本線の膳所駅で下車し、湖面を背に坂道を登ると開けてくる住宅地にある梶岡弘三・昌子宅で行われた。参加者の子弟に教会学校高校科の出席者（梶岡・田巻・前田）がいたし、松下・今井も近所だった。そのため話題はしぜんと高校生のことになる。山科集会は京阪山科駅で下車し、橋本滋男先生・節子宅で開かれる。どことなくハイカラな雰囲気があり、桜野町集会とは対照的だった。集会にはガラテヤ書のギリシア語原典にカタカナの読みと日本語の意味を付け、一節ごとに翻訳を記したコピーを人数分用意した。それを配り、まず講義する。三〇分程で終わると、お茶の時間である。集会ごとに様々な話題でにぎわった。

伝道師室で仕事をしていると、毎週「先生、お茶が入りましたから、休憩にきて下さい」と電話が入った。発信者は婦人会の大平冨美子か金子きよ子、たまに外村澄子の場合もある。牧師館の和室で行われていた茶道教室へのお誘いである。仕事を中断して三〇分程度お邪魔した。会場には一〇名くらい集まっていて、盛り上がっている。正座して順番を待ち、お抹茶をいただく。誰かがいただいている間は静寂さで引き締まっている。ところがすぐにあの賑やかさへと戻る。たとえば、袖岡こうのこんな発言に盛り上がった時があった。

「笑ったらあかん」て　言われても、
わたし　出っ歯ですから、
しぜんと　笑ってるように　見えますわ。
ワハハ、ワハハ……。

会場では袖岡のような発言が次々と飛び出してくる。実に自由なのである。ところが、誰かがお抹茶をいただいている間は静寂さで引き締まっていた。回を重ねるうちに、茶道教室に見られる静寂さと自由、「これは一体何なのか」という問いが膨らんでいった。

　四月二五日の朝は、早天祈祷会の席に高槻のおばあちゃんの姿がなかった。それで中村真一が準備をして、祈祷会を始めようとした時である。バタンと教会玄関の戸を開ける音が聞こえ、間もなくして取り乱したおばあちゃんが来られた。祈祷会後のお茶の時間には、みんなで彼女の話に耳を傾ける。

　私は毎朝三時に目を覚まします。それから三〇分間は、手をさすり、足をさすり、体を動かす準備をして、布団から出ます。

　手押し車を押しながら家を出て、教会

お茶の時間（牧師館の和室、1979年５月）

に着くのは五時頃です。そして、ゆっくりと祈祷会の準備をして、皆さんが来られるのを待っています。

「この私が高槻です」と自信に満ちて自己紹介をしたおばあちゃんから、初めて日常生活を聞かせていただいた。あの日以来、早天祈祷会に遅刻したことは一度もない。けれども八一歳を越えた彼女が責任を負うために、どれほど真剣であるのかを知らされた。あの日からおばあちゃんは体の衰えや自分の弱さを、祈りの中で打ち明けられるようになる。

自転車で訪問伝道に出かけた唯一の地区が瀬田である。膳所から近江大橋を通って瀬田へ渡り、国鉄東海道線をくぐると柴崎庸子宅（一里山）に着く。柴崎は最初だけ教会から自転車でご一緒下さった。訪問が広範囲に及ぶ時は、引き続き自転車で回った。周辺地域の場合は、歩いて回る。道々伺った多くは家族に関してだった。なかでもお連れ合いの絵について話される時は、温かい気持ちが伝わってきた。自宅を失礼する際には、いつもタッパーにいっぱい詰めたおかずを持たせて下さった。ありがたかった。

桜野町周辺を案内下さった後、面条修子から聞いた話も忘れられない。

大津のあるお寺には、仏像など優れた作品があります。ところが、そのほとんどは作者が分からないんです。作られた方々にとって自分の名前を残すよりも、後世に作品を伝えることが大切だったんですね。奥ゆかしいことだと思います。

大津駅に近い梅林にいた沼尾瑞江の自宅の前には川が流れている。その土手で花を育てるのが彼女の趣味だった。

ここで花を育てていますと、「ご苦労様」とか、「きれいですね」って声をかけて下さる方がおられます。それがうれしくって、花を育てているのです。これまでにどれほどびっくりさせられてきたか分かりません。だから、心の伝わる一言がうれしいのです。

熊谷黎子は、大津日本赤十字病院に設けられていた養護学校の教師だった。熊谷から教会に関心を持つ女子高校生を紹介されたのは六月である。そこで毎週、教会学校の始まる前に高校生二名と彼女を訪ね、車椅子を借りて教会へ案内した。何回か通ううちに、女子高校生は自分の病気について話してくれるようになる。彼女によると、「体の筋肉が少しずつ動かなくなる病気」で、「すでに歩行は困難になっていた」。ところが、病気を聞かされた私たちは戸惑うばかりで、柔軟に対応できなかった。そのためお互いの意思疎通を図れなくなり、一か月程で女子高校生は教会に来なくなった。しばらくして、目に障害を持つ女子高校生が教会を訪ねて来た。心を痛める失敗を経験していたので、特に他の女子生徒たちが気を遣っている。そのような努力もあって彼女は教会学校に通い続け、夏のキャンプにも参加した。

この夏もキャンプのシーズンだった。ミニクックのキャンプ（八月四日—五日）が朽木村キャンプ場で開かれる。初日に「平和を作り出す人」（マタイ五章九節）について話をした。磐上教会の夏期修養会（五日夜—六日）に招かれ、参加する。ネヘミヤ書から祈りについて講演した。教会学校小学科のキャンプ（八日—九日）は同志社唐崎ハウスで開かれる。開会礼拝とキャンプファイヤーを担当した。教会学校中学科・高等科とバイブルクラス合同のキャンプ（二一日—二三日）が、安曇川レクリエーションセンターで行われる。

「青少年の自殺」がテーマで、講演を試みた。青年会キャンプ（二四日—二六日）も安曇川レクリエーションセンターで、「なぜ、今、教会にいるのか」をテーマに開かれる。一ヨハネ一章一—四節から講演を行った。

一連のキャンプを終えた八月下旬に、堀川牧師に「板倉さんの自宅で開かれている茶道教室に通うため、火曜日は午後五時で仕事を終わらせていただきたい」という希望を申し出て了解を得た。

註

（1）日本キリスト教団大津教会は、一九四六（昭和二一）年七月に旧大津組合教会と旧大津同胞教会が合同して成立した。次の教会史がある。大津教会史編集委員会『大津教会史』一九六九年、大津教会史編集委員会『大津教会五十年史』一九九六年、日本キリスト教団大津教会創立六〇年記念誌編集委員会『大津教会創立六〇年記念誌』二〇〇六年。

（2）堀川勝愛牧師（在任一九七八—八二）は大津教会の第三代牧師である。初代牧師は中村利雄（一九三三—六八）、第二代牧師は原忠和（一九六八—七八）である。なお、中村牧師の著書がある。中村利雄『卓上の福音』大津教会、一九六七年。

（3）大津教会の歴代伝道師・副牧師は、次の通りである。坂井虔伝道師（一九六一—六三）、西村義臣伝道師（一九六三—六五）、笠井惠二伝道師（一九六五—六六）、田中恒夫副牧師（一九六六—六八）、多芸正之伝道師（一九六九—七一）、北里秀郎伝道師（一九七一—七四）、亀田正己伝道師（一九七四—七九）。

（4）「父のこと」塩野和夫『一人の人間に』八〇—八二頁参照。

（5）中学科の担当はすでに体に不自由を感じていた西川逸子（西川綾子の妹）と琵琶湖学園の職員だった七黒勝士だった。生徒への配慮が細やかだった。

（6）高等科の担当は市原順子で、古川修平も参加していた。

第六章　全力で、それこそ命を張って

新芽を育てる

九月に入ると、火曜日・木曜日・金曜日の夕方に塩野伝道師の帰りを待つ高校生は一段とにぎやかになる。「ジャンケンポン、アッチムイテホイ!」などと、ゲームに興じる声が周辺の道路にまで響いていた。おやつを広げると一瞬静かになり、それからみんなで話し合う。堀川牧師の了解を得ていたので、火曜日はみんなを残して早目に教会を後にする。滋賀医科大学の学生であった木築野百合が教会を訪ねてきたのはその頃である。豊中教会牧師夫人の村山裕子と友人だった母親の勧めもあり、彼女は来てくれた。しばらくすると木築の弟や川田陽一（いずれも滋賀医科大学の学生）も教会に立ち寄るようになる。川田は大学の帰りにしばしば伝道師室を訪ね話しこんでいった。

月に一回、週報の発送作業をしていた。その日も二名の教会員と発送作業に取り組もうとした時である。会堂玄関の戸をドンドンとたたく大きな音がした。「何事か」と様子を見に行った大平富美子から、「先生、様子の変わった人が玄関に立っています。警察を呼びましょうか」と尋ねられた。「どうしたものか」と戸惑いながらも、「いや、私が出てみましょう」と答えて玄関へ向かう。すると手にナイフを持った男性が不安そうな顔をして玄関に立っていた。

塩　野　どうされましたか。

訪問者　刑務所から出てきたところや。ナイフを持っていると何かしてしまいそうで……、それで教会を訪ねてみた。

塩　野　人を傷つけたら、取り返しのつかないことになります。ナイフは私が預かりましょう。

手を伸ばすと男性は素直にナイフを差し出した。受け取ると、彼の表情が変わる。

塩　野　お見かけしたところ、お腹がすいているのではないですか。
訪問者　お腹もすいているし、北九州まで行くお金もない。
塩　野　分かりました。教会では仕事をしてもらった報酬としてお金を差し上げています。ちょうど今、発送の仕事を始めたところです。手伝って下さい。そうしたらお金を渡すことができます。

訪問者にまず食事を提供した。それから週報を封筒に入れたり、教会周辺の草を抜いたりしてもらう。教会を後にする時、彼は「お世話になりました。ありがとうございました」と言って頭を下げた。ナイフは大平に処分してもらい、早天祈祷会で彼の無事を祈る。ところが数日後、播州地方のある刑務所から「こちらに収監した人が『そちらの教会でお世話になった』と言っているのですが、……」と電話がかかってきた。

大津教会に着任した折に、母が持たせてくれた着物が三つある。一つは成人式に作ってもらった深い緑色をした間服である。一つはちりめんで紫がかった緑色をしていて夏に着る。もう一つが深い紺色をした大島紬で冬に着る。それに黄色の角帯もあった。茶道教室最初の出席となる九月四日は間服に着替えて出かける。午後七時から始まる教室には私を含めて六名の生徒がいた。三人は女性で、二人はお稽古ごととして通っていた。中年の女性は助手である。三〇歳前後の男性は日本庭園造りを職業としていた。もう一人は定年後の趣味として楽しんでいる。板倉きく先生は作法も教えたが、茶道の精神性を伝えようとされていた。一服のお茶を介した亭主と客人の一期一会の語らいに始まり、お花やお茶碗をめぐっても豊かな会話が交わされた。

教室が終わる八時半少し前になる。すると必ず板倉宗悦先生が姿を見せられた。ご指名により一人だけ残される。それから宗悦先生と二人だけで過ごす時間が三〇分から一時間、一時間半と伸びていく。若い日に絵描きを目指した先生は、東京で安田靫彦に師事された。けれども、先の大戦で望んでいた道が閉ざされる。生活のため故郷の滋賀県に帰り、膳所高校で書道の教員を一五年間務められた。そんなある日、偶然京都で見た禅画からインスピレーションを与えられる。それが感動を筆に託して一気に表現する絵画であり、先生に開かれていた可能性であった。そのようにして折々の感動を表現された作品を一点二点と拝見し、議論を重ねる。先生が深い思いを込めて語られたのが「美しさ」であり、「生命力」であり、「感動」であった。(1)

板倉きく先生から印象深く伺った二つの話がある。

千利休がわび茶の精神として教えた「和敬清寂」という言葉があります。教えの最後にある「寂の精神」について、「利休が語ったと伝えられている話」が伝えられています。春になっているのに、雪が深く残っている地方です。ところがよく見ると、積もった雪には割れ目があって、その下を水が流れている。しかも流れの周辺では落ち葉の間から新芽が育とうとしている。利休はこの落ち葉と新芽に注目して教えたのです。「寂の精神とは自らを枯らしながら新芽を育てている落ち葉のようなものである」。深いですね。

茶道にはキリスト教との関わりが指摘されています。それが「千利休にまでさかのぼるのではないか」と考えています。利休は堺の方です。当時、商人に治められていた堺は自由な都市で、キリスト教も盛んでした。ですから、利休が堺でキリスト教と出会っていたのは間違いありません。そこで、キリスト教から学んだ真実を茶道に取り入れた。それがわび茶をさらに深くする。私はそのように考えています。けれども、しっかり研究をして発表するまでには至っていません。ただ、「そのように考えた人がいた」ことだけは覚えていてほしいのです。

板倉宗悦先生は当初新しく描かれた絵を見せて下さった。しかし、回を重ねるごとに作品の種類は多彩になり、話題も広がっていく。ある時は安田靫彦先生のもとで修行していた際に描かれた大きな絵を出してこられた。それは安田先生の作品を模写されたものである。圧倒される見事な絵を前にして、先生は言われた。

これは安田先生の作品を模写させていただいたものです。苦心して描きあげました。例えば、周辺にある色です。澄み切ったこの色を出すのに、どれくらい時間をかけたと思いますか。

ある時は素朴な形と色彩であるのに、「何かが違う」と思わされる大きなお皿を前に置いて言われた。

日本が生み出した芸術で最も優れた一つは陶芸です。目の前にあるお皿は本来私などが所有するものではありません。大変優れた陶芸家の作品だからです。このお皿は美しく、作品としても優れています。ところが、ここに美と倫理をめぐる問題があります。美は根底に倫理が通底していて、「そうしてこそ人の心を打つ美しさが生まれる」と私は考えます。しかし、このお皿の作者にはいくつも倫理的な問題があった。そのような問題を抱えながら、どうしてあのように美しい作品を生み出すことができたのか。美と倫理をめぐる問題がどうしても分からないのです。

板倉きく・宗悦夫妻から学ばせていただいたことは多い。しかし、茶道教室には一九八〇年三月までしか参加できなかった。

滋賀県伝道協議会（「滋伝協」と呼んでいた）主催によるキリスト教信徒大会（九月一五日）が今津郡民会館で開催された。午前中に開会礼拝（今西誠也牧師の説教「宣教の根拠」一ペトロ四章一二―一九節）と奈良林祥氏による講演「現代の性の現実を踏まえて、どう生きるか」がある。昼食後に希望者は竹生島へ渡り、散策した。

茶道教室で
（板倉宗悦・きく先生宅、1979年9月）

比良山登山　北田裕彦（後列左端）・撮影者（中村真）（武奈ヶ岳にて、1979年10月10日）

竹生島で一緒に歩いたのが、松原武夫・栄夫妻である。「牧師を育てる教会」を目指していた松原武夫は、私の名前を挙げて祈っていた。[2] 祈祷会・婦人会・読書会にも参加していた松原栄は訪問伝道で歩いた際に、つらく悲しかった出来事を具体的に聞かせて下さった。

一〇月一〇日は大津祭で盛り上がる。曳山の行列に参加する教会員や、客人に振る舞う食事準備に追われる婦人会員がいた。そんな賑わいを後にして、壮年会の若手と白百合会メンバーを中心に比良山登山に向かう。指導者は北田裕彦で総勢一〇名だった。湖西線比良駅で下車し、武奈ヶ岳（一二一四メートル）を目指す。何回も休憩を入れて、ゆっくりと歩く。それでもきつかった。ようやくたどり着いた頂上で昼食をとると、すぐに下山となる。ところが、思わぬハプニングに襲われた。藪の中に道を見失ってしまったのである。みんなの間に不安が広がっていく。しかし北田に動揺した様子はなく、冷静に指示を出した。彼の助言に従ってしばらく行くと、山道に出る。「あの時、一番ほっとしたのは北田に違いない」と私は思った。下りは疲労が足にくる。帰りの湖西線ではみんな静かだった。

沢正徳氏と松下千左子さんの結婚式が一一月二三日午後に挙行される。司会を担当した。どの式でもプログラムはほとんど同じだが、結婚式には意外と個性が出る。沢・松下の場合にはトロンボーンの祝歌があり、後奏は大津シンフォニックバンドによる演奏だった。生駒正隆氏と西田和子さんの結婚式は一九八〇年九月二八日午後に行われた。この時は友人の市原泉が奏楽をされた。中村晶氏と田中葉子さんの結婚式が一月一九日午後にある。式の後に共済会を代表して松原栄がお祝いを述べられた。会場に響く言葉にはリズムがあり、美しい音楽を聴いているようだった。

バラの花園

クリスマスシーズンを迎える。一二月の家庭集会は堀川牧師の車に同乗して参加した。まず洋菓子店に寄り注文していたケーキを受け取り会場へ向かう。通常とは担当を入れ替えて、堀川牧師が桜野町集会・竜が丘集会・山科集会を、塩野伝道師が瀬田集会と園山集会を受けもった。集会を終えて車に乗り込むと、堀川牧師は「いやあ、クリスマスシーズンはケーキ責めですね」と決まったように口にされた。バイブルクラスのクリスマス祝会は一二月一八日に行った。バイブルクラスの参加者・教会学校の高校生・青年会メンバーに加えて、大津東教会の市原泉も参加した。第一部はキャンドルサービスである。続いて第二部ではみんなで作った食事をいただきながら、ゲームを楽しんだ。一二月二四日夜は青年会のメンバーが教会に集合した。日頃は見かけない青年も顔を見せている。讃美歌を練習してから、教会近辺の会員宅を回った。讃美歌を数曲歌ってから、最後に'We wish a Merry Christmas!'を歌う。鳥海信や石倉善樹、金子信子の顔が輝いていた。

市内のカトリック教会・聖公会・日本キリスト教団所属教会合同の大津市民クリスマスが、一二月二五日夜に市民会館大ホールで開かれた。メッセージを担当したのは堀川勝愛牧師である。シスター・マリエリス指導によるページェントが盛り上がった。

寝屋川十字の園へ二か月に一度出かけた。説教を担当するためである。一九八〇年二月七日も出かけ、「光あれ」(創世記一章一―三節)と題して説教した。ところが、「何か会場の様子が違う」と気になり、「そうだ、松山到芳さんがおられないんだ」と気づく。応接室に引き上げると、内本と中年の女性が待っていた。

内本　こちらは松山到芳さんのお嬢様です。
女性　松山の娘です。父は亡くなりました。
塩野　それは残念です。お父様とお会いできるのを楽しみにしていました。
女性　昨年の暮れに、新しい上布団を父にプレゼントしました。そうすると真白なシーツ一面に、バラの花園を描いていたんです。それが父の最後の作品となりました。父のベッドに掛けてあります。塩野先生にもぜひご覧いただきたいと思います。

それから内本の案内で、松山到芳の部屋へ行く。ベッドに掛けてあった上布団のシーツにはバラの花園が一面に描かれていた。枝を張り、葉を茂らせ、可憐な花を咲かせている。人柄が偲ばれる上品な作品だった。帰りがけに色紙を三枚示され、「父の記念に、どれか一枚をお持ち帰り下さい」と勧められる。迷うことなく、「水牛の上で遊ぶ幼児」をいただいた。

松山到芳作「水牛の上で遊ぶ幼児」（寝屋川十字の園で、1980年2月7日にいただく）

地区の交換講壇で三月九日に堅田教会へ出かけた。町の中心あたりと思われる場所にある教会堂は落ち着いたたたずまいを見せている。受難節に入っていたので、「探し求める神」（ルカ二三章五四―六二節）と題して説教する。会衆席の後ろ左側に座っている牧師夫人が、それとなく気を配っておられた。川端牧師から馴れ初めを聞かされていた方である。やはり交換講壇で一一月九日に宮田誉夫牧師の草津教会を訪ねる。堅田教会とは対照的で地域には活気があり、教会の雰囲気にも若さを感じた。「主を喜ぶ」（ネヘミヤ八章九―一二節）と題して説教する。

日本バプテスト連盟関西地方連合の招きを受けて、「一九八〇年度少年少女春の修養会」に出かけた。三月二八日から二九日にかけて奈良にある生駒聖書学院においてである。「本当の喜びとは」を主題として、二八日の開会礼拝と主題講演一「すると光があった」、二九日の早天礼拝と主題講演二「僕たちにとって」を担当した。参加している中学生と高校生は信仰上の関心だけでなく社会的問題に対する意識を持ち、積極的に話し合っている。幅の広さを感じさせられた。

愚鈍な人が大成するのです

一九八〇年度に入ると、教会員から励ましの言葉を受けるようになる。大場文子は早天祈祷会の会場で「塩野先生、強くなって下さい」と期待をこめて言われた。伊吹敏明からは「キリスト者にとって訓練とは、共に成長することだと思います」と励まされた。高槻のおばあちゃんも早天祈祷会を終えた後、「塩野先生は黙々と仕事をされておられる。その姿は愚鈍とも見えます。しかし、愚鈍な人が大成するのです」と忘れがたい言葉をかけて下さった。訪問伝道に歩いた後、松原栄の自宅に寄らせていただいた。失礼する前に、「塩野先生が存分の働きをなされることができますように」と祈って下さった。

大津教会で五月一一日午後に結婚式を挙げた。豊中教会会員でドビッシーを演奏したあの女性とである。司式は堀川勝愛牧師、仲人が村山盛敦牧師・裕子夫人であった。伊吹敏明や鈴木靖将(3)が準備委員として取り仕切って下さる。滋賀会館中ホールで開いたお祝い会は会費五百円で小僧寿しが出た。ただし、お祝いのケーキはミニクック関係者による手作りである。三百名を越える参加者があった。その中に同志社香里中学校の同級生であるＫ(4)の姿が見える。彼は母親と出席していた。お祝い会で「あんたが大将」の替え歌を歌ったグループの中にK(5)の元気な姿もあった。新婚旅行では長崎市の活水学院東山手校舎を見学する。活水女学校の卒業生であった妻の母から、「女学校の入学式でね、校長先生が『この学校には宝が隠されています』と語って下さったのよ」と常々聞かされていたからである。

池田しかの告別式（一九七九年七月）や宮本たけの告別式（一九七九年一二月）で司会を担当する。いずれも厳粛な式だった。しかし、遠藤敏彦の告別式（一九八〇年五月二五日午後）は、それまでの経験とは異質の重さがあった。お連れ合いと小学生の子息二人を残していたからである。会場を重苦しく沈みこんだ空気が覆っている。司会者の祈祷は言葉にならず、ただたどしくしか祈れなかった。

夏の行事に入る直前に、堀川牧師からお願いを受ける。宣教委員会（委員長　中村光夫）は、白玉町伝道所の土地売却金を原資とする愛光センター建設の構想を練っていた。春からは募金も始めている。したがって、秋から本格的な宣教委員会の活動が始まる。「そこで、教職者の立場で委員会に参加してもらえないか」という依頼だった。宣教委員会にはそれまでも参加していた。しかし定例の会議に加えて、秋からは調査活動も始まる。仕事量は格段に増える。そのため「大津教会の仕事はすでに限界にきている。これ以上、活動量を増やすと体が危ない」と思えた。

　この夏もキャンプの連続だった。教会学校小学科キャンプ（七月二六日―二七日、同志社唐崎ハウス）、バイブルクラスキャンプ（八月四日―六日、朽木村）に続いて、教会学校中学科・高等科キャンプ（九日―一一日）が能登川梅花キャンプ場で開かれる。そこでは誰一人としてお客様はいなかった。生徒も教師も何かを担当する。休み時間に湖岸へ出かけていた中村健が、「二〇年前にはシジミがいっぱい取れたんだけれど」と言いながら空のバケツを下げて帰ってきた。最後の掃除の時間に、「おいシオノ、掃除せんかい」と放送が流れた。松下晃の声である。彼の放送にみんな大笑いした。八月一九日―二一日には、琵琶湖畔で開かれた献身キャンプに参加する。美藤章牧師や佐藤興紀牧師が若手だった。「僕にとって献身とは」（詩編一三六編一節）と題して講演する。青年が信仰や献身について真剣に話し合える場だった。

　夏期休暇最後の八月三〇日に柴田勝正を訪ねた。宣教委員会への参加について、意

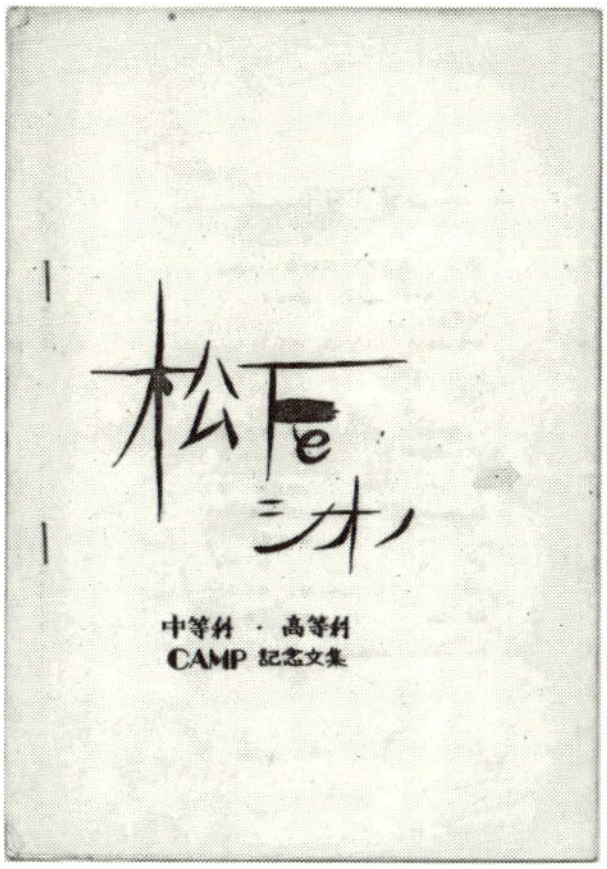

「松下とシオノ――中等科・高等科 CAMP 記念文集」（1980 年 8 月、能登川梅花キャンプ場）

見を聞くためである。思いもしなかった助言が返ってきた。

なあ、シオノ！

人間、大きな仕事ができるチャンスはそうそう巡ってくるものやない。今回のセンター建設はそういう仕事やないかと俺は思う。チャンスに出会ったら、全力で、それこそ命を張ってその仕事に向かえ。大きな仕事一つをやり遂げるのは大変や。けどな、そういう山を一つ乗り越えたら、それがシオノの自信になる。自信がつけば、また次の仕事に向かっていける。

もし、失敗したとしても、死ぬことはないやろ。全力で打ち込んだ経験は、失敗しても必ずこれからの人生の何かになる。

やったらええやないか、シオノ！

滋伝協のキリスト教信徒大会が九月一五日に膳所教会で開かれる。開会礼拝担当の阪口吉弘牧師はルカ福音書一六章一九―三一節をテキストにして説教した。アジア学院の高見敏弘先生は「世界の飢えの中で」と題して講演した。先生はまず自らの満州からの引き上げとそれに続く貧しかった少年時代を、「人の心が父親だった」と総括される。その上で、「世界の飢えに取り組む働きに神の業が現されている」と主張された。

湖岸へ行きました

視力障碍者の和気キミは評判の良いマッサージ師である。彼女はしかし、お連れ合いと一人娘を亡くしておられた。それで知的障碍を抱えた青木あやと琵琶湖疏水が流れ始める地域にある自宅で共同生活をしていた。互いに弱さを持つ二人は、いつも寄り添うように歩いている。その姿は絵になった。和気の愛唱讃美歌は「人生の海の嵐に」だった。

沼尾の案内で訪問活動を終え、いつものように自宅でお茶をいただいていた。その時である。彼女が切り出された。

沼尾　なぜ、私たちが大津教会へ通うようになったか、先生はご存知ですか。

塩野　知りません。

沼尾　それはね、……教会学校のキャンプに行った琵琶湖で、私たちの息子が溺れて死んだからなんです。

塩野　そんなことがあったのですか。

沼尾　その時の牧師は中村利雄先生で、先生は何度も何度もお詫びにきて下さいました。

塩野　お詫びするしかなかったんだと思います。

沼尾　そうしましたら、主人が中村先生の態度に誠意を感じたんです。それで私どもは大津教会へ通うようになりました。

塩野　不思議な話ですね。

沼尾　これは誰にも言ったことのない話なんですけれども、……。息子が溺れた湖岸へ私は行きました。そして誰もいない湖岸を見つめながら、何度も息子の名前を呼びました。何も返ってはきません。……代われるものなら、代わってやりたかった……。

塩野　……。

滋賀里の中村光夫・冨枝宅へ一一月三〇日午後に出かけた。自宅を新築されたからである。ルツ記一章一―五節をテキストにして、新しく建てられたお宅で営まれる家族生活へ

深い悲しみ
（沼尾瑞江宅で、1980年11月）

の祝福を祈った。式後、冨枝手作りのうどんをご馳走になる。

宣教委員会の書記を引き受け、愛光センターの活動と必要な設備を検討する調査活動にも参加する。秋には二か所を調査訪問した。まず、洛西ニュータウンで開拓伝道に取り組まれていた尾堂牧師である。先生はご自身の経験を紹介しながら「団地伝道を考える」と題して話された。もう一か所は平安教会の小野一郎牧師である。教会を四条烏丸から岩倉へ移転したいきさつを紹介した上で、先生は岩倉における新たな活動について語られた。

調査を終えると宣教委員会に報告し、協議を続ける。ところが、秋も深まった頃に教会の状況が一変した。「急激に物価が上昇する時は、調査などしている場合ではない。そんなことをしていたら、貨幣価値がたちまちに下がってしまう。だから、まず建物を建てる。活動内容や設備はそれから考えればよい」という主張が教会内で強まった。このような意見により、委員会の調査は意味を持たなくなる。

訣別説教——インマヌエル、アーメン

一九八一年一月一六日夜、体がきつく起きていられなくなる。翌朝、血尿が出たので様子を見ることにした。ところが、一八日朝にはコカコーラのような色をしたどろどろの血尿が出る。状態は悪化していた。そこで一部を紙コップにとり、日曜日ではあったが、塩野まりに高槻医院まで持っていってもらう。高槻碩夫医師は高槻のおばあちゃんの息子で、そこで毎月診察を受けていた。帰ってくるなり、妻から「すぐに入院するようにとの指示で、高槻先生が救急車を手配して下さった」と告げられる。塩野まりが入院の準備をしていると、池田憲治が様子を見に来てくれた。「塩野先生がおられないので、どうしたのかなと思い来た」と言う。事情を説明すると、「分かりました。救急車を見ています」と言って、四階の廊下から道路を見ている。間もなく救急車が到着すると、「下まで降りて来られますか?」と尋ねる声が聞こえてきた。池田は「降りられませんので、四階まで来て下さい」と叫んでいる。担架を抱えた二名の救急隊員が来たのは、それからすぐだった。

担架に乗せられて自宅玄関から救急車まで運ばれた。救急車のベッドは意外に硬く感じる。その間、塩野まりが横に付き添っていた。運ばれたのは膳所駅の南西にある大津市民

病院だった。玄関から車椅子で病室まで移動させられる。六人部屋で向かって右側真ん中のベッドだった。同室には四〇歳前後で心臓病の方や、糖尿病のため片足の膝から下を切断されている六〇歳代の方がいた。初日は横になっていても全身がだるく痛く、寝返りを打つと節々に痛みが走る。それで仰向けになったままお腹の上に手を置いて、息を吐いては「インマヌエル、アーメン!」、息を吸っては「インマヌエル、アーメン!」と称名を唱えていた。すると主治医の榊原医師が来て、「必要な検査と治療をしていくので、なるべく横になっていて下さい」と指示された。

午後になると、教会関係者が次々と面会に駆けつけて下さった。それは退院の日まで続く。アクラ会・婦人会・壮年会・白百合会・青年会の人たちの面会は、大体一回だけだった。それに対して、高校生会のメンバーとバイブルクラス出席者は毎日のようにやってくる。彼らにとって会堂二階集会室のたまり場が、市民病院の病室に代わっただけのようにも思えた。たまりかねた看護師が、「あまりにも頻繁な面会は病人を疲れさせます」と注意された。それでも、彼らは毎日来た。夜になると、ベッドとベッドの間にカーテンが引かれた。就寝の合図である。もちろん、病人は眠ることができない。それでも、病人同士の会話はカーテンを合図に終わった。家族も帰宅する。ただし塩野まりの場合、「自宅に帰ってからが大変だった」。電話への対応である。

片足を切断した男性は「もう無いのに、切り落とした足が痛むんです」と言って、足をさすっていた。数日後に手術を控えていた心臓病の男性は、深呼吸の練習に看護師の控室へ頻繁に通っていた。手術当日、奥様に付き添われて「それじゃ、行ってきます」とあいさつをして出て行かれた。ところが、予想外の展開となる。帰らぬ人となったのである。翌日、奥様は重い空気の張りつめた病室に入って来られた。片付けのためである。同室の入院患者は彼女の顔を見ることができず、伏し目がちに挨拶するのが精一杯だった。

私は血尿が続いていた。全身がだるく、節々に痛みもある。そのような状況にあってある種の不安を感じていた。けれども、不安にとらわれるのを意識的に避けて、「インマヌエル、アーメン！　インマヌエル、アーメン！」と唱え続けていた。入院してちょうど一週間が経った日である。意識がすーっと遠のいていき、大きな渦の中に引き込まれていく気がした。同時にいろいろな思い出が走馬灯のように駆け抜けていく。すると渦の向こう側に、私を見つめて立っている人がいる。彼は白い服を着て、両手を広げ微笑みかけていた。無意識のうちに「これは幻だ。多くの人の祈りが幻となって現れたのだ」と思った。

意識が戻ると、体が軽くなっていた。全身の倦怠感も痛みも取れている。数日後には血尿も止まった。それは主治医の榊原医師にとって、「予想外の展開だった」。

　血尿が一週間続いていた時には、「人工透析の準備を始めなければならない」と考えていました。ところがちょうど一週間後に状態が劇的に改善し、一〇日後には血尿も止まりました。理由は分かりません。それでも今後二週間程度は様子を見るために、入院を続けていただきます。このまま順調に推移すれば退院となります。

　二月二日に思いがけない面会者が来られた。京都教会の原忠和牧師と京都葵教会の佐原英一牧師である。挨拶もそこそこに原牧師は二枚の写真を出すと、招聘の話を持ち出された。

原　牧師　愛媛県にある宇和島信愛教会と伊予吉田教会から塩野先生を招聘したいと希望が出ている。一九八一年、つまり今年の四月からである。入院中で判断のむずかしいところだが、前向きに考えてほしい。

塩　野　退院の目途も立っていないので、今年四月からの赴任となると、責任が持てません。佐原先生はこういう場合、どんなふうに考えられますか。

佐原牧師　招聘があった場合には、基本的には引き受ける方向で考えることだと思うよ。

二枚の写真は宇和島信愛教会と伊予吉田教会の会堂を映していた。二人は用件だけ伝えると、帰っていかれた。

血尿が止まってからも順調に推移した。回復に向かう病床でしきりに思い出されたのは、「チャンスに出会ったら、全力でそれこそ命を張って取り組め」という柴田のアドバイスである。柴田は「全力で打ち込んだ経験は、失敗しても必ずこれからの人生の何かになる」とも言っていた。

全力で取り組んだ愛光センター開設準備の仕事はうまくいかなかった。しかし、準備は他の方が担って下さっているので、心配することはない。

失敗して病気をしたが、死ぬこともなかった。静養さえしていれば健康を取り戻して、何かはできるだろう。だから、「失敗しても、必ずこれからの人生の何かになる」とはどういうことだろうか。

二月七日に原忠和牧師が再度面会に来られた。今回は若干修正した提案をされる。

原　牧師　「退院の目途が立たないので、四月一日着任という日程は確約できない」と伝えておいた。先方からは「それで結構です」と返事をもらっている。臨時総会開催を考えると日程的に厳しいので、前向きの返事をもらえないだろうか。

塩　野　分かりました。「着任時は主治医の指示に従う」という条件を付けて、引き受けましょう。そうすると、大津教会の伝道師招聘の件も生じます。こちらの方もよろしくお願いします。

塩野まりにはその日のうちに教会転任の話を伝えておいた。ところが、近江平安教会の谷本一廣牧師から思いがけない反論が出てきた。彼の主張はこうである。

病気入院中の伝道師に対する今回の人事は人権問題であり、差別問題である。伝道師が病気になったら、当該教会で静養する。これは当然の話である。障碍や病気を負った者を受け入れることで教会の体質は変わる。だから、塩野さんが大津教会に留まるならば、貢献できることはたくさんある。

谷本牧師のアドバイスは正論でありがたかった。しかしどう考えてみても、大津教会に病気療養中の伝道師を受け入れる余裕などなかった。

二月一〇日に「一か月は自宅で静養するように」との条件付きで退院する。この条件について堀川牧師と相談し、二月はあらゆる担当から免除された。三月になって、無理のない範囲で引き受けることになる。すると、高校生のたまり場は伝道師宅となった。けれども、彼らは決して長居をしない。必要な手伝いがあれば、積極的に申し出てくれた。ある時はジャガイモが必要になる。買い物を申し出たのは池田憲治である。塩野まりから近くの八百屋の場所を聞くと、お使いに走ってくれた。帰ってくるなり、「一番大きなジャガイモを買ってきました」と誇らしげに報告する。確かに大きなジャガイモである。ところが、切ってみると中は空洞である。「いくら大きなジャガイモでも、中が空洞ではいけませんね」と、池田は頭をかいていた。

二月一五日には礼拝に出席した。皆さんが喜んであいさつをされる。その時に一番印象に残ったのは高槻のおばあちゃんである。おばあちゃんを除いて、早天祈祷会のメンバーは皆お見舞いにきていた。ただ、一月二一日に早天祈祷会から投函された寄せ書きの中に名前を見ることはできた。そのおばあちゃんの顔がうれしさで輝いている。それは神々しくさえあった。入院中どんなに祈って下さっていたか、彼女の顔が語っていた。

三月になると、塩野伝道師転任の話が伝わる。多くの方から別れの挨拶を受けた。三月六日には、板倉きくから「でも決してご無理はなさいません様に。一年位はとても大切になさって下さいませ。長い人生のほんのひと時だと思って、……。ゆめゆめ私の言葉をお忘れなく、……」とお便りをいただいた。三月一〇日には、袖岡こうから「長くいれば、それだけでも役に立つものです。決して無理はしないことです。私のような年になりますと、何もかも楽しく思い出されます」と言葉をかけていただいた。三月一七日には、沼尾瑞江が「もうお会いすることはないかもしれません。お元気で……」と声をかけて下さっ

松原竹生・松原栄「二人こけし」（餞別としていただいた作品、1981年3月）

た。同じ日に大矢正和からも「これが最後かもしれません」と声をかけられた。

大津市民病院で榊原医師から最後の診察を受ける。入院中の記録をまとめた書類を受け取り、転任の際の旅行と宇和島でかかる病院についてアドバイスを受けた。

三月二九日が訣別説教となる。「インマヌエル、アーメン」（マタイ一章二三節）と題して、宣教を試みた。「インマヌエル、アーメン！」、それは入院中のベッドで吐く息と共に、吸う息と共に唱えていた称名である。祈りが呼吸のように心身を満たす中で、もう一度生かされる救いを経験した。その感謝を込めた宣教である。

三月三一日に大きなトラックが中央団地に横付けされた。宇和島信愛教会の前任牧師である栗原昭正先生の荷物を群馬県高崎まで運んだ帰りのトラックである。多くの教会員に手伝っていただき、引っ越しの作業を終える。そして、皆さんに見送られて大津の地を後にした。

註

（1）「私の宝」塩野和夫『一人の人間に』六七―六八頁参照。

（２）松原武夫・栄夫妻の生き方については、「歴史に記憶される人間像――松原武夫・栄の生涯を読み解く」塩野和夫『キリストにある真実を求めて――出会い・教会・人間像』二〇五―三三一頁参照。

（３）鈴木靖将は画家で、絵本『ともしび』（日本キリスト教団出版局、一九八〇年）など、多くの作品がある。

（４）中学校の同級生Ｋについては、「おい、シオノ」塩野和夫『キリスト教教育と私　中篇』三〇―三三頁。「相撲」前掲書五〇―五二頁参照。

（５）「あんたが大将」の替え歌を歌ってくれたグループの一員であるＫについては、前掲書一二三―一二六頁参照。

第七章　木のトンネルをくぐる

平井の赤飯

塩野まりの実家を出発し、宇和島に向かったのは一九八一（昭和五六）年四月一一日である。広島駅で下車すると、路面電車で宇品港を目指した。ほとんど起伏のない街並みは、それだけで印象に残った。宇品港からは高速船で瀬戸内海を縦断する。一九七〇年八月、ジェフとフェリーで別府から大阪まで一晩かけて横断した。あの時はぎゅうぎゅう詰めの船内で東北秋田の高校生と話し続けたが、船の揺れは全く感じなかった。それに対して高速船は波しぶきを立てながら進んでいく。いくつかの島の側面を通り海峡を抜け、一時間余りで松山観光港に到着した。そこからはバスに乗り、当時は松山市三番町にあった松山教会を目指す。平山武秀牧師に挨拶するためである。

四月一二日朝は奥道後のホテルから松山教会に向かう。前日訪ねていたので、教会の雰囲気にはすぐになじめた。受付に木戸定が立っている。彼は同志社大学神学部の後輩で、「前任の鳳教会を辞して、四月から松山教会の伝道師として就任しました」という説明だった。礼拝を終えると平山牧師から起立を求められ、「四月から宇和島信愛教会（以下、「信愛教会」と略記する）に就任する塩野伝道師です」と紹介された。礼拝後は商店街をゆっくりと回り、もう一泊した。

四月一三日昼前に国鉄予讃線松山駅から宇和島に向けて乗車する。ディーゼル機関車で、宇和島では「汽車」と呼んでいた。サラリーマン風の人たちが次々と松山で下車したので、客室は庶民的な雰囲気となる。松山市の郊外を過ぎてしばらくすると、右手に伊予灘が広がり左手の人家はまばらとなる。伊予長浜からはいくつもの山を越えて行く。勢いよく伸びた木の枝が両側から線路を覆っているのには驚いた。まるで木のトンネルをくぐっているようだ。勾配のきつい上り坂になると、スピードを落とした汽車は喘ぎ喘ぎ登っていく。周辺に人家の見当たらない路線を進んでいた時、「この先、どのような世界が待っているのだろうか」と不安がよぎった。

宇和島に二時間余りで到着した。教会役員の村口貢が改札口で出迎えてくれる。後ろには教会関係者一〇人余りが並んでいた。目礼して信愛教会に向かう。ゆっくりと歩いて五分程で教会に着いた。第一集会室に入ると、讃美歌「山路越えて」を歌い自己紹介と打ち合わせをした。

村口　貢　塩野先生は病み上がりですので、無理ができません。まずは信愛教会と伊予吉田教会（以下、「吉田教会」と略記する）の礼拝と教会学校をお願いします。健康を回復されてから祈祷会など始めていただきたいと考えています。

塩野和夫　ご配慮をありがとうございます。

村口　貢　教会総会に必要な二週間の公示はしています。次の日曜日四月一九日には総会を行います。こちらでの教会活動に車が不可欠です。そのため、新年度の予算には先生の免許取得費用と中古車の購入費用を組んでいます。

塩野和夫　分かりました。

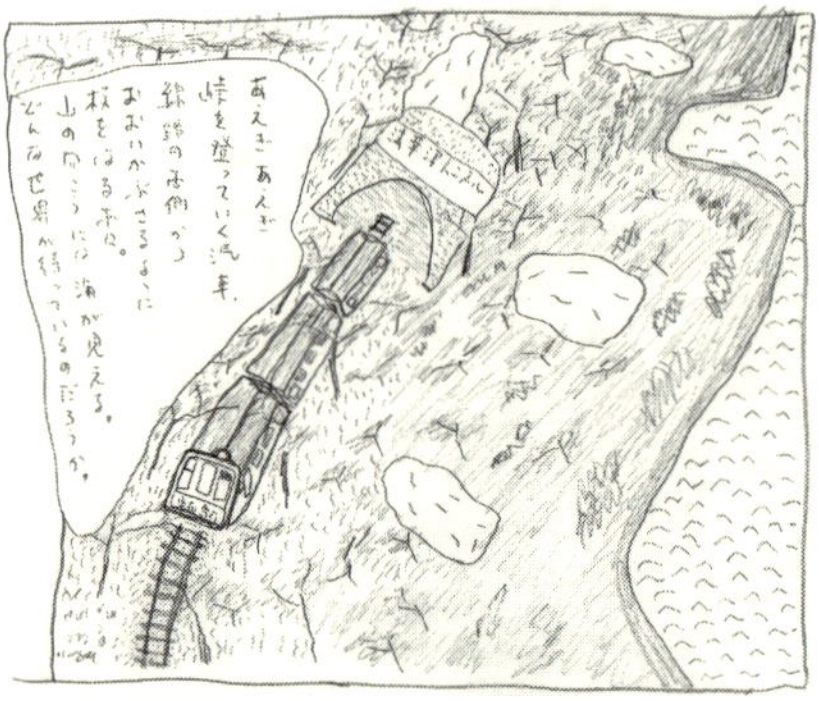

宇和島を目指す（1981年 4月）

中尾靖子　越智先生の奥様が始められ、栗原先生も引き継がれた中学生対象の英語教室を開いています。生徒の名簿が牧師室にありますので、来週からでも始められたら良いと思います。

塩野和夫　連絡しておきます。

村口　貢　牧師室には栗原先生の使っていた和文タイプがあります。これで週報を作っておられましたが、いきなりはむずかしいと思います。慣れていただいて、適当な時期から和文タイプの週報にして下さい。

塩野和夫　分かりました。調べておきます。

西村多見子　信愛教会の教会学校は朝九時から礼拝で始めています。説教は先生を中心に担当しています。次週はイースター礼拝ですので、早速説教をお願いします。

塩野和夫　分かりました。

佐川七生　吉田教会の佐川と赤松です。吉田教会では午後二時から教会学校、三時から礼拝を行なっています。少人数ですが、よろしくお願いします。

塩野和夫　よろしくお願いします。

中尾靖子　先生は腎臓がお悪いと聞いています。市立宇和島病院には腎臓の専門医万波先生がおられます。市立病院で看護師をしている会員もいますので、今週にでも万波先生の診察を受けて下さい。
塩野和夫　分かりました。

散会すると牧師館へ移動して、大津から運ばれていた荷物の整理にかかる。段ボール箱に詰められたまま牧師館に置かれていたためである。二時間くらい経った時、風呂敷包みを抱えた女性が牧師館を訪ねて来た。教会員の平井光子である。「新任の先生が到着された日には、いつも差し上げています」と言って差し出されたのは赤飯だった。感謝して夕食にいただく。

奇跡という言葉

受難日早天祈祷会（四月一七日）を除いて、この週は集会がなかった。それで教会活動全般に関する構想に集中する。朝は祈りの時である。牧師館の玄関を上がると右側にある四畳半の一室を書斎として祈りの時を持った。それから教会前庭の掃除をする。こぶしの木は掃いても掃いても葉を落とした。周辺の様子が分かるようになると、辰野川沿いに上流へ散歩に出かけた。(1) 朝食を終えると午前中は書斎にこもり、説教と祈祷会の内容に思いを集中した。早々に決定できたのは説教に関する構想である。参考にしたのは加藤常昭牧師の主題講解説教という考え方である。それによると「聖書の一つの書を順々に解き明かしていくので講解説教である。ただし、一回ごとに主題を持たせることにより主題講解説教となる」。この立場に従って、教会暦（イースター、ペンテコステ、クリスマス）や特別な行事の日を除いて、マタイ福音書から主題講解説教に取り組むことにした。それに対して、祈祷会における聖書講義の内容は決められなかった。

午後には教会員宅を目当てに、宇和島の街へ出かけた。教会は町の中心からは東に位置している。それでも三〇分歩くと、宇和島中町教会・市立宇和島病院・宇和島東高校・宇和島市役所・国鉄宇和島駅など、主要な場所へ行くことができた。二週間もすると、市内に住む教会員宅の訪問はすべて終えていた。突然の訪問にもかかわらず、最長老の毛利キヌや都築績から「ようこそ、おいで下さいました」と喜ばれる。牧師室で和文タイプに触れてみたが、とても歯が立たない。当面はガリ版の週報として、土曜日の午前中までに原

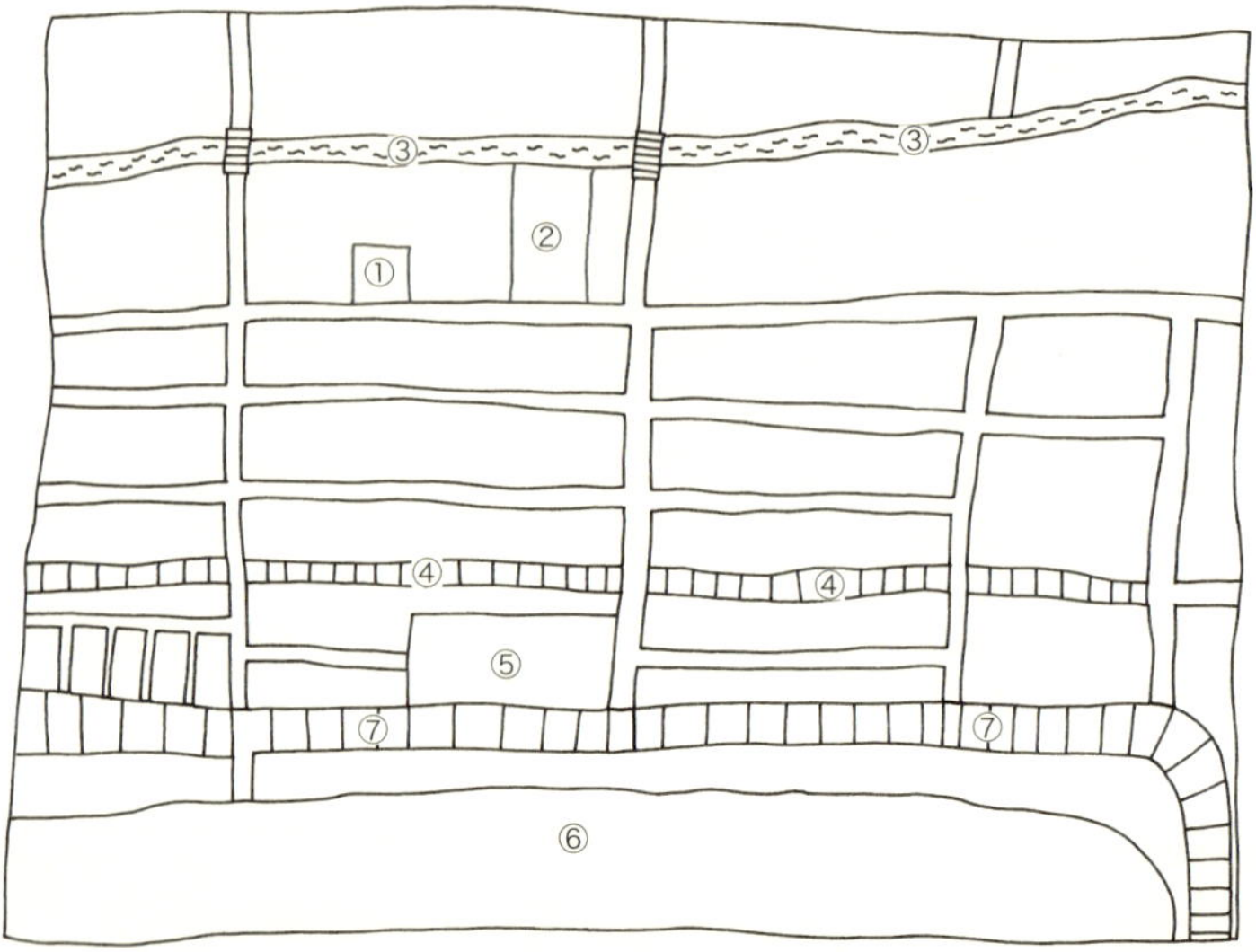

① 宇和島信愛教会　② 浄土真宗本願寺派浄満寺　③ 辰野川　④ 商店街　⑤ 南予文化会館
⑥ 城山　⑦ バス通り

宇和島信愛教会周辺図（1980 年代）

紙を切っておいた。すると土曜日の午後に会員の山口今が塩野まりと謄写版で刷り、週報ボックスに入れておいて下さった。伊予吉田教会の週報も必要な部数だけ刷り、日曜日に持参する。英語教室は英数教室と変更されていて、中学二年生の生徒が六名いた。男子二名、女子四名である。はがきで通知し、翌週の火曜日夕方六時から再開した。

　四月一九日の教会学校は朝八時五〇分に第一集会室へ関係者が集まり、打ち合わせをする。教師には西村多見子・西村由美

（幼稚科）、夏秋忠（小学科）、塩野和夫・夏秋従治（中学科）がいて、オルガニストとして塩野まりも参加した。礼拝ははがき大のカードにあるヨハネ福音書一一章二五節から説教する。それから幼稚科（第二集会室）・小学科（礼拝堂）・中学科（第一集会室）と分級に分かれた。教会学校を終えると、礼拝前祈祷会に続いて一〇時一五分からイースター礼拝を行った。「愚俗の信、インマヌエル、アーメン」（マタイ一章二三節）と題して説教をする。礼拝後の定期教会総会と臨時役員会を終えると、会員のスバルに塩野まりと乗り、吉田教会へ向かった。教会では菊澤敏光[2]が数名の小学生と分級をしていた。吉田教会の教会学校は菊澤と塩野和夫で担当し、塩野まりが助けてくれた。三時からの礼拝と教会総会を終え、宇和島へ帰ると夕方になっていた。

四月二六日は信愛教会で合同礼拝を行う。野村教会で午後二時から開かれた南予分区総会に出席するためである。村口役員の車で国道五六号線を卯の町まで行き、右折してから二九号線をひたすら東へ走る。一時間余りで到着した野村の町の一角に教会はあった。開会礼拝で聖餐式を担当した畠澤雄光牧師（伊予長浜教会）の語り口は紛れもない東北弁だった。耳を傾けながら、「南予には東北地方と共通する文化があるのかもしれない」と勝手な想像をめぐらせていた。総会では伝道部委員に選出される。

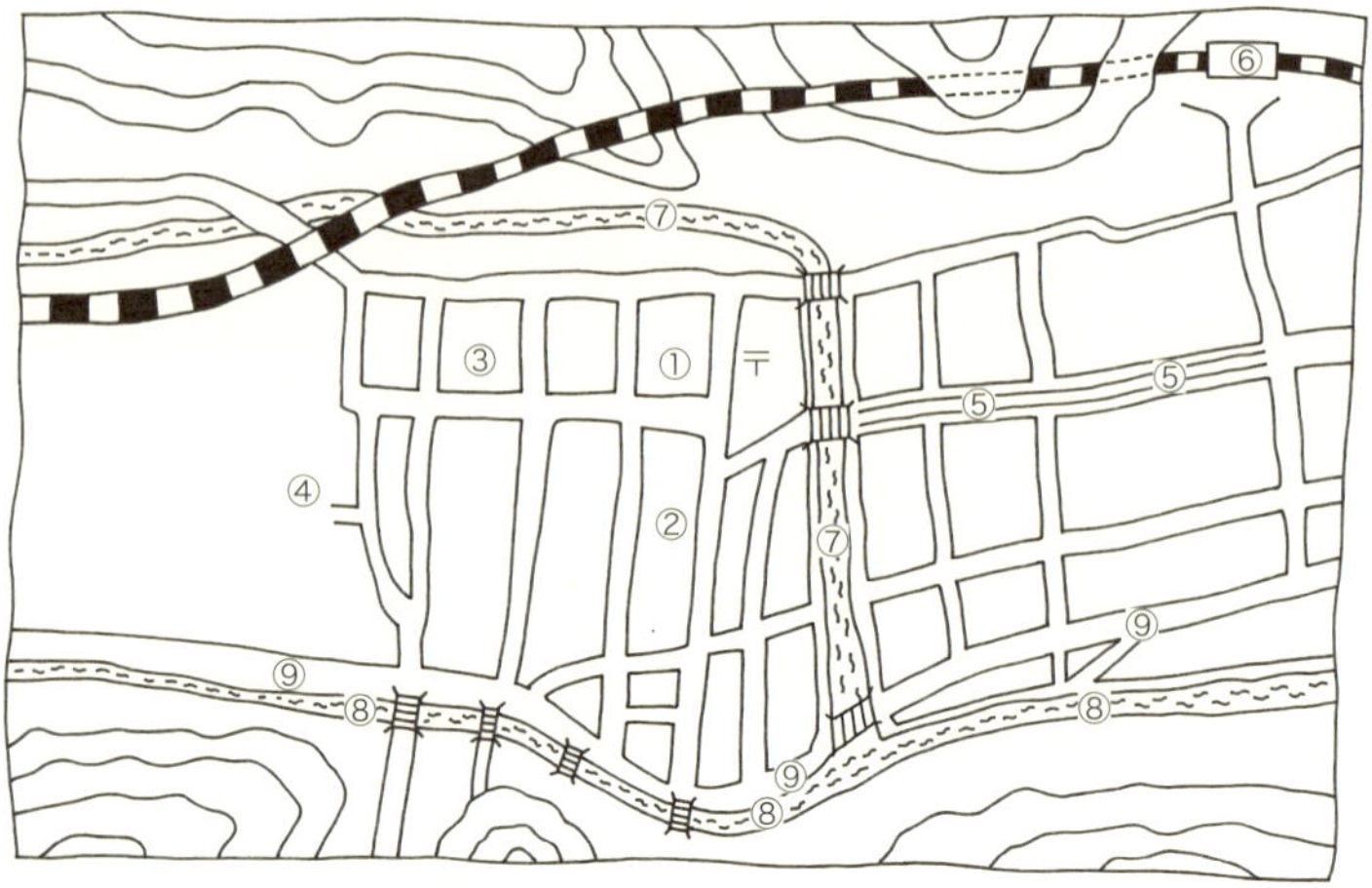

① 伊予吉田教会　② 町役場　③ 吉田病院　④ 吉田高校　⑤ 本町商店街　⑥ 国鉄吉田駅
⑦ 本村川　⑧ 立間川　⑨ 国道 56 号線

伊予吉田教会周辺図（1980 年代）

四国教区総会が四月二八日昼〇時半から翌日にかけて松山番町教会で開催された。やはり村口役員の車で国道五六号線を走っていると、南予分区の先生方の車と次々に合流した。国道沿いには大小様々なレストランが並んでいる。松山平野に入ってすぐのところにあった合掌造りの店に立ち寄る。入ってみると高知分区の方々もいて、中村栄光教会の内田汎牧師の隣になる。ボリュームたっぷりの定食を注文した私の横で、内田牧師はうどんをすすっていた。思わず「それで足りますか」と尋ねる私に、「昼食は軽い方が昼から動きやすいからね」と軽快に答えられた。なるほど、総会では内田牧師の活躍する姿が目立っていた。

着任当初のあわただしさを過ぎると、大津教会で身に付けていた仕事パターンへと収束していった。説教に関しては月曜日に一日かけてマタイ福音書の釈義に没頭した。まず、ギリシア語原典と必要に応じてヘブライ語原典を調べる。次いで英語の注解書として、New Testament Library と Bengel's New Testament Commentary から当該箇所を翻訳し、ノートする。日本語ではＮＴＤ新約聖書註解やシュラッターの新約聖書註解など、手元にあるすべてを読んでノートした。釈義を終えると一週間寝かせておいて、土曜日に説教を書いた。次の通りである。

四月二六日　「系図と出会って」（マタイ一章一節）
五月　三日　『破れ』と呼ばれた男」（マタイ一章二―六節前半）
五月一七日　「王たちの系図」（マタイ一章六節後半―一一節）
五月二四日　「額に汗した人々」（マタイ一章一二―一五節）

朝の祈祷会は六月になって始める。原則として信愛教会と吉田教会で隔週に開いた。回数が少ないので、準備に時間を割くことができた。そこで創世記から初めて、聖書の構造と言葉を結び付けて学ぶ方法を考えつく。(3) 火曜日・木曜日・金曜日の午後は地域を定めて訪問に歩く。火曜日は教会の近辺から南側を歩き、本町追手の藤原たつや宇和島中町教会の森場政吉牧師を訪ねた。大きな自宅に一人でいることの多かった藤原は、孫の話などをうれしそうに話された。木曜日には北側を担当地域として、伊吹町の村口宅や重谷茂子を訪ねた。広島における被爆者である重谷はいくつもの傷が残るふくらはぎを示し、「ここにはまだガラスの破片が残っているのですよ」と教えて下さった。金曜日に歩いた西側の地区では英数教室に来ていた清水(栄町港)、それに桝形町の山口今や平井光子を訪ねる。清水の父親は同志社大学の先輩で、仕事中であっても奥様と応対して下さった。

心を動かされた高校生

四国教区総会副議長　小原敏牧師(新居浜西部教会)を迎えて、五月三一日午後二時より信愛教会で塩野和夫伝道師就任式を挙行した。式に先立つ合同礼拝で小原牧師は、「心を合わせて祈ろう」(使徒言行録一章一二―一四節)と題して説教し、次のように結ばれた。

神がキリストによる生命を与えて下さったから、
私たちは感謝と喜びと願いを持つことができる。
感謝と願いを強くされる時、教会は強くされる。
心を合わせて祈る事から教会のスタートをきろう。

五月に信愛教会では思いがけないことが起こる。茅野拓幹氏と成松みどりさん、前田悟氏と小西紀子さんと二組も結婚式が続いたのである。結婚式にはいくつものプログラムが伴う。申し込みの受付とカウンセリング、それから両家関係者との面談とリハーサルが続く。結婚式を終えると、関係者がお礼のあいさつに来られる。一連の行事を通じて、結婚式を介した可能性を考えさせられた。吉田教会で思いがけない出来事が起こったのは六月に入ってからである。ある日の礼拝に吉田高校の生徒数名が参加した。それからも礼拝に出席する高校生が続いた。岡田靖志・加藤俊喜・井上和久・西崎真広（以上、三年生）、渡辺啓一・春日屋・戸島出身の女子高生（以上、二年生）の七名である。素朴な彼らは教会活動にも積極的に参加した。会堂の清掃や庭の草取りも進んでしてくれる。合同の教会学校キャンプ（八月七日―八日）が吉田教会で行われた。七日夜に盛り上がったキャンプファイヤーを初め、総勢三〇名を越えたキャンプも何かにつけ彼らの助力があった。

八月一六日は信愛教会の礼拝を終えると牧師室に直行した。探し物をするためである。すると教会玄関から清水クニエの「今日の週報、読みにくかった。私ら年寄りにガリ版の字は読みにくいもんな」という大きな声が聞こえてきた。ショックだった。あわただしく過ぎ去る日々の中で、時間を見つけて和文タイプの練習をしていた。ところが慣れてくると、週報一枚分の活字を拾う大変さが分かった。だから、思い切れないでいた。そこに聞こえてきたのが清水の声だった。八月二三日からは和文タイプで打ち込んだ週報となる。

一九八一年度の標語「礼拝の充実」をテーマに合同の半日研修会（九月六日、吉田教会）を行った。テキストは加藤常昭『礼拝・諸集会』である。午前の礼拝に続き、午後には夏秋忠「礼拝の充実」、中尾靖子「礼拝の備え」、西村多見子「日常生活とのかかわり」の発題があり、みんなで話し合う。充実した半日だった。

チラシを配り、関係者に声をかけて秋の特別集会（一〇月一七日―一八日）を開いた。講師は阿部冨久世先生（止揚学園保母）である。彼女は止揚学園の現場を踏まえて情熱的に教育を語ったので、会場は熱気に包まれる。中でも心を揺さぶり動かされたのが高校生であった。彼らから「止揚学園に行ってみたい！」「止揚学園の現場を見学したい！」と希望が起こる。そこで話し合いを重ね、希望者一二名の代表が一一月一日の役員会に「経過・目的・日程・参加費用」について報告し、「精神的にも経済的にも支えてほしい」と申し出た。これに対して信愛教会では「今後の計画展開を見守りつつ、適当な時期に募金を呼びかける」とした。吉田教会は「二〇万円の献金を呼びかける」ことを決定する。

思いがけない訪問者

伊吹町にある宇和島自動車学校に通い始めたのは一一月七日である。教習に行く日は訪問活動を制限して時間を作り、週に二日か三日通った。学科の担当者は警察署を定年退官した方々で、現役時代の経験を交えて講義された。実習は若手の教官で、ひどく緊張しながら課題をこなしていった。仮免許の試験は一二月中旬に合格する。ところがその直後に体調を崩し、腎臓の検査にも悪化が認められた。時期的に仮免許取得の時と重なったが、体調を崩した主因はストレスに違いない。中学生と高校生による止揚学園の訪問計画に対して、ある役員は「私らは伊予の国より外へは出たことがない」と言って、公然と反対した。主要役員の反対により、計画は重苦しい雰囲気の中で進められる。役員の子どもからは辞退者も出た。その頃、牧師館台所の炊事場は暗く、調理に不自由をしていた。そこで「塩野が負担するから」と申し出て、蛍光灯を付ける。するとこれが役員会で紛糾し、「塩野伝道師が勝手なことをした」と批判された。しかし、彼らの主張が私には全く理解できなかった。冬になると、灯油（宇和島では「油」と呼んでいた）をドラム缶で購入した。ところが、雨ざらしにされていたためドラム缶の上に水がたまり、注入口もさびていた。そのため水がドラム缶に染み入り、油に水が混じる。そこでまず油と水を分別しなければならない。教会用も牧師館用も、塩野まりがドラム缶から油をくみ取る作業を担当した。慣れない作業に彼女はすっかりてこずっていた。何度も担当役員に事情を説明したが、対策については何ら考慮されなかった。

松山山越教会で一二月七日に開催された四国教区臨時教区総会で按手礼を受ける。それによって聖礼典（洗礼式と聖餐式）を執行できる立場となった。一一月二六日から四名の参加者と五回の予定で開いていた受洗準備講座は、一二月に入り真剣さを増していく。

思いがけない来客が一二月一二日夜にあった。高知教会の吉田満穂牧師である。教会の第一集会室で流れるように語られる話をひたすらに伺った。

私の若い日の幸いは良き師、良き先輩、良き友に出会ったことです。師としては小塩力先生がおられる。先生は聖書を読む喜びを教えて下さった。むしろ不器用で、深く掘り下げて考える方でした。福田正俊先生も掘り下げて考える方でした。良き友としては香美教会の山崎先生がいます。彼は福音をはっきりと把握している。

若い日に私は人嫌いだった。牧師になってからも、「毎週、こんな説教をしているくらいなら死んだほうがましだ」と思っていた。ところが、テキストからメッセージをくみ取ることができるようになり、事情は一変する。今では「生まれ変わったならば、もう一度牧師をしたい」と願っている。

まず、繰り返し聖書を読む。日本語でも英語でも読む。山崎先生はギリシア語で読んでいる。それから注解書を見る。聖書から「これ！」というものを捕まえれば、後は何とかなる。説教者として、「聖書のどこをとっても必ずメッセージはある」と信じることが大切だと思う。

吉田満穂牧師の来訪（1981 年 12 月 12 日）

気が付けば夜の九時を回っていた。多忙なスケジュールの中から時間を工面して訪ねて下さった。ありがたかった。

吉田教会のクリスマス礼拝（一二月二〇日）で西田相子が洗礼を受け、佐川弥生が信仰告白をした。いずれも中学三年生で、特に西田には強い意志を感じる。この時の礼拝で菊澤敏光は三津教会から吉田教会に転入会した。会員は一〇名となり、教会は大きな喜びに包まれる。

年末に止揚学園から明るい声で「日程の都合で三月の受け入れは

できなくなりました」と連絡が入り、途方に暮れる。訪問を楽しみに協議を続けていた中学生と高校生の顔が浮かんだ。日程的には次回役員会（一九八二年一月一〇日）までに具体案を作成しなければならない。いろいろと考えた結果、滋賀県下のいくつかの施設に尋ねてみて無理であれば断念することにした。すると、谷本一廣牧師の近江平安教会が宿泊希望を受け入れて下さった。第二びわこ学園・にっこり共同作業所・出会いの家は、快く申し出を聞いて下さった。そこで、これらの施設を訪ねる計画を「見学と奉仕の研修会」（一九八二年三月二九日より三一日まで）としてまとめ、役員会の承認を得た。

体調に不安はあったが、一九八二（昭和五七）年一月一九日より自動車教習所における教習を再開した。今回は路上における実習が中心となる。教習所を出て設定されていたいくつかのコースを繰り返し運転する。塩野まりの実家から寄付の申し出があった中古のカローラは、二月二〇日に小西正哲の運転で運ばれてきた。だが、その時点では免許証を取得していなかった。二月二一日の夜に胸部と胃に痛みを感じたので診察を受ける。その時に主治医の万波医師から「来院した時に持参した腎炎の経過を記した書類があった。通常、あれだけ悪いと発症してから一〇年の命ですよ。どっち道残り少ない命であれば、面白おかしく過ごせばいいじゃないですか」と告げられた。「発症してから一〇年の命」という言葉は初めて聞いた。けれども、「残り少ない命であれば、面白おかしく過ごせばいい」という考えには賛成しかねた。幸い、三月二日の検査結果に改善がみられ、散歩と仕事を再開できた。その時点で主治医を万波医師から内科の市川医師に変える。また、「見学と奉仕の研修会」の引率者は塩野まりに変更した。

三月も下旬に入った頃、盛谷祐三牧師（近永教会）が訪ねて来られた。

盛谷　今日は塩野さんに折り入ってのお願いがあって来た。

塩野　お願いって何ですか。

盛谷　広見に清家治という人がいる。先日まで農協に勤めていたんだが、「農薬の使用がひどい」ので辞めた。この人を中心に無農薬有機栽培で野菜を育てているんだが、四月からいよいよ販売を始めたいと希望している。

塩野　もっともな話だと思います。

盛谷　問題は販売網なんだ。いくら無農薬有機農法で育てても、売れなければどうしようもない。そこで生産者と消費者でグループを作って販売したい。塩野さんには消費者の代表を引き受けてもらえないかと考えている。

塩野　私にできますか？
盛谷　できると思うから、お願いに来ているんだ。

しばらくして清家治氏も来られて、具体的な計画を聞いた。活動に対しては全面的に賛同できる。それで清家氏が生産者代表、塩野が消費者代表となって、四月から希望者に週二回野菜を届けてもらうことにした。併せて年に二回、春と秋に生産者と消費者のふれあい懇談会を行うことにする。春は信愛教会を会場とし、秋は広見の現地においてである。

「見学と奉仕の研修会」は引率者を含めて一〇名となった。三月二九日早朝に宇和島を発ち、びわこ学園、にっこり共同作業所、出会いの家を訪ねて研修する。参加者は大変な刺激を受けて、三一日夜に帰ってきた。四月一八日には両教会で報告会を行う。

註

（1）塩野和夫「人の営みが自然に溶け込む町にふさわしいもの」『日本キリスト教団宇和島信愛教会　創立一二五周年記念誌』二一—二五頁参照。

（2）菊澤敏光（一九二九―一九九七）は県立宇和聾唖学校における会議中に脳溢血で倒れた。一九七二（昭和四七）年一〇月に、菊澤は四三歳だった。意識の戻らない日々が一年余り続いていたある寒い日に、「今日は寒いから子どもたちが寄宿舎へ帰ってきたら砂糖湯でも飲ませてやって下さい」と、うわごとのように語った言葉は同僚を深く感動させる。教会学校の教師を引き受けたのは、塩野が就任した一九八一年四月である。当時、電動の車椅子で自宅から教会まで通っていた。その頃の俳句がある。

礼拝や　夏風きって　車椅子
半月や　キャンプバーベキュー　のぞきおり
日曜日　教え子待つ日　楽しけり

本人の努力もあってマヒした体は目に見えて回復していく。隔週で金曜日を吉田教会滞在日と設定した頃には、杖一本で歩けるまでになっていた。二人で菊澤の教え子や「麦の会」（脳卒中者友の会）会員、教会関係者を訪ねた。その際に、口癖のように言っていたのが「奇跡という言葉は私のためにある」という言葉である。菊澤と私で作った「山路会」は、「いつの日か、句碑『山路越えて』の立つ法華津峠まで二人で歩いていこう」という夢を込めた名称だった。障碍を負いながらも前向きに望みを見上げて生きた半生であった。菊澤は訪問に歩く私を「どた靴」と呼んだ。彼の人間観がにじみ出てくる名称に感謝して、私は「どた靴の詩《うた》」を作った。菊澤佳子編『偲び草』二〇〇三年。塩野和夫「菊澤敏光を語る」『四国教区だより』第四七号、一二頁参照。「どた靴の詩《うた》」塩野和夫『問う私、問われている私』三―五頁参照。
(3) この聖書研究の方法については、塩野和夫『祝福したもう神――創世記に学ぶ』一―二頁、一九九―二〇〇頁参照。

第八章　神の思いは海にあふるる

土作り

一九八二年度は主要行事を踏襲しながらも新しい企画を加える。これらは信愛教会に活力を与えた。その一つが家庭集会である。「イエスの譬え」シリーズの第一回集会（藤井あや宅、五月一七日）で「すばらしい収穫の譬え（マルコ四章一―九節）」を学ぶ。九名の参加者があった。その後、薬師神政子・山口今・平井光子・早見都が家庭を提供して下さる。安定した活動を展開する信愛教会に転入会者が加えられた。藤井三男・藤井文・西山晴子が転入会し、山本登美子は現住会員に復帰した。

まごころ野菜の第一回ふれあい懇談会が五月に信愛教会で開かれる。二〇名余りいた参加者の大半は見かけない方だった。塩野の司会により清家治氏が堆肥の作り方・野菜の育て方・害虫の駆除について、ぼそぼそとした口調ながら熱心に話される。いずれも初めて聞く話だった。質疑に入ると次々と手が上がる。種子の保存・野菜の安全性・配達が重なる野菜の調理など、どの質問も食生活への熱意を感じさせた。気が付くと予定の時間となっている。教会に新しい風が吹き込まれるようなひと時だった。

運転免許証を五月二一日に受け取る。早速、礼拝をはじめとした吉田教会の諸集会にはカローラを運転して出かけた。集会後は毎回会員宅を訪ねる。どのお宅でも歓迎された。

一九八二年度の標語「祈りの生活」をテーマとして、六月二〇日に長崎塊牧師（前松原教会）を招く。長崎牧師は自らの体験を交えながら祈りの生活を説き明かして下さった。講演の冒頭は次の通りである。

　祈りは信仰生活の付け足しではなく、中心である。祈りは御言と密接な関わりを持ちながら、教会の中心を占めている。そこで、御言だけでなく祈りだけでもなく、両方を大切にせねばならない。

訪問活動を続けていると、訪ねる相手が少しずつ増えていった。宇和島では山下フサ、中村菊恵、山本登美子が対象として加わる。春に米寿を迎えていた山下フサは、若い日の宇和島における生活を話して下さった。教員だった配偶者を亡くしたばかりの中村は、彼の病床生活について聞かせて下さった。吉田では毛利宇一・延永久文・三瀬幸子を訪ねる。訪問すると毛利は必ずコーヒーを入れ、若い頃の仕事について話された。土建業者の延永とは仕事の話になる。その頃、吉田町に自宅を建てた方がいた。槙本喜一・千代子夫妻である。吉田教会の礼拝に出席されたので、自宅を訪ねる。一一月二一日に彼らは松山番町教会から吉田教会に転入会した。

この年の夏もキャンプが続く。岩松・信愛・吉田三教会合同の夏期キャンプ（八月三日―四日）を岩松教会で行う。大きな会堂で子どもははしゃいでいた。岩松で養護教育に打ち込んでいた菊澤は、時間を作ってかつての仲間や生徒を訪ねていた。吉田教会の夏の子供会を八月一〇日夜に行う。由良半島後で行われた南予分区中高科の夏期キャンプ（八月一〇日―一二日）に、西田相子・佐川弥生と参加する。彼女たちは豊かな自然の中で他教会の中高生と交流していた。さらに同信伝道会（以下「同信会」と表記する）が開催した献身キャンプ（八月一七日―二〇日、滋賀県能登川）に、吉田教会から三名の高校生を派遣した。八月二二日の夕方に発熱し、二三日・二四日と血尿が続いた。夏の疲れが腎臓に出たのである。夏期休暇（八月二七日—九月三日）に入ったので、大阪の実家で静養する。

半日研修会（九月五日、テーマ「祈りの生活」）に続いて、秋の特別集会に蛯江紀雄先生（被爆老人ホーム　清鈴園園長）を招いた。全体テーマは「老人問題を考える——老人ホームの現場から」で、信愛教会（一〇月三〇日午後七時）と吉田教会（三一日午後二時）で集会を開く。蛯江先生の「設備ではなく、老人の表情で判断できる」という老人ホームの見方が印象に残る。彼の主張は「設備より人間的な交流が大切だ」という考えに基づいていた。

一一月にはまごころ共同野菜のふれあい懇談会を広見で開く。宇和島から三二〇号線を東へ進み、近永で二八〇号線に入る。そこからは広見川に沿って北へ一〇キロメートル走ると広見で、右折して川を渡ると清家治氏の自宅がある。広い庭で待機していた生産者と合流し、いくつかのグループに分かれて農作業に従事する。畑に降りると、たくさんの紋白蝶が有機栽培の畑の上だけを舞っている。不思議な光景だった。畑の土は柔らかくて黒い。清家氏から常々「農業は土作りから始まります」と聞かされていたが、「これがその土なのだ」と思う。ところが、担当した里芋畑は手が回らないためか草ぼうぼうだった。

それでも、土が柔らかいので簡単に草は引き抜ける。一時間もすると、見違えるように整然とした畑になった。農作業を終えてから、生産者手作りの料理をご馳走になる。

吉田教会から希望の出ていた家庭集会を一二月から実施する。月に一回「イエスの譬え」を学んだ。

会堂を揺るがす讃美の歌声

一九八三年度定期教会総会（四月三日）で、信愛教会は創立百周年委員会の発足を決議する。この決議は創立九五周年（一九八三年一二月）への備えという意味合いが大きかった。委員会では信愛教会の歴史を学ぶ。なおイースター礼拝（四月三日）で、両教会に受洗者がいた。信愛教会で洗礼を受けたのは河野光子と夏秋信邦である。吉田教会では三瀬幸子が洗礼を受けた。五月二二日には、吉田教会の別帳会員であった村上照子が現住会員に復帰する。この春に信愛教会の礼拝に顔を見せ始めた一人が大西正一である。彼は八百屋で、商店街の近くに店があった。劇団の主宰者でもあり、若者を指導する演劇に情熱を燃やしていた。教会でも大きな声で「塩野さんの説教よりも奥さんのオルガンの方がええな」と話していた。清水敏幸も六月に会社を設立するにあたって教会への出席を始めた。二〇歳代後半のAもそんな一人で、教会では無口だった。彼の自宅を訪ねると病気がちの母親がいて、彼の口からは「カバンから女の生首が出てきた」といった妄想の生み出す話が出てくる。彼は統合失調症だった。それでも一時間余り、「そうですか。そうですか」とうなずきながら聞いて失礼する。話を聞くしか何もできなかった。吉田教会の礼拝に出席を始めていたのは奥平佐恵子（離婚後は「大久保」姓を名乗る）である。小さな子ども二人を育てる彼女は生命保険と化粧品のセールスで生計を立てていた。

その頃、火曜日・木曜日・金曜日・土曜日の午後は訪問活動に従事していた。曜日ごとに訪ねる地域を決めていたので、必要とされている家庭は確実に回ることができた。ところが、手順の狂う事態も発生した。その一つが訪問予定より優先した病人のお見舞いである。三月に吉田教会の礼拝後に槙本夫妻から呼び止められた時もそうである。沈痛な表情をした槙本喜一から言われた。

槙本　実は母が入院しております。

塩野　早速、お見舞いに伺いましょう。

槙本　ありがとうございます。それが……、昨日のことですが主治医から「母の余命はあと二週間なので、覚悟をしておくように」と言われたのです。

塩野　それはご心配ですね。

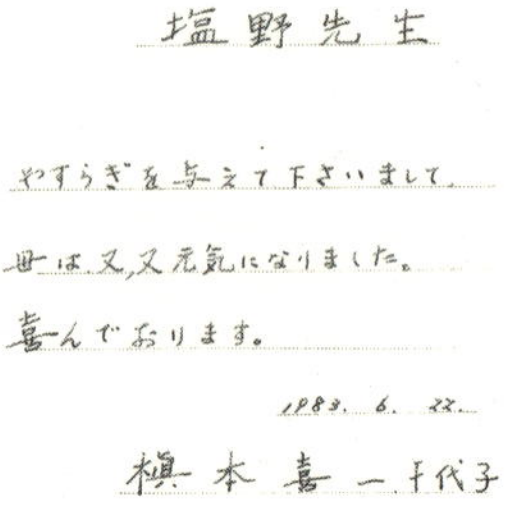
塩野先生

やすらぎを与えて下さいまして、
母は又、又元気になりました。
喜んでおります。

1983. 6. 22.

槙本喜一 千代子

槙本夫妻の感謝の言葉
（1983年6月）

翌日から衣服を整えて、面会時間の午後に市立宇和島病院を訪ねる。病室には夫妻がいる場合と、槙本千代子だけの時もあった。ベッドの前に座ると、了解を得た上で手に触れた。やせ衰えた手で、最初に触れた時には反射的に「痛い！」と言われた。そのため十分に注意してそっと手を握り、祈る。病人も静かに耳を傾けていた。滞在時間は一〇分程で早々に失礼する。それでも毎日決まった時間に訪問を続けた。一週間が過ぎると、待っていたかのように手を出される。祈り終わると顔が安らいで見える。訪問は一週間、二週間、一か月と続いた。五月も過ぎたある日、宇和島の自宅に退院することになる。退院記念に頂いたH・W・ヴォルフ『旧約聖書の人間像』の見開きの頁には、槙本夫妻の感謝の言葉が記されていた。

一九八三年度の標語は「教会の形成」で、春の特別集会（六月五日）には棟方文雄牧師(1)

（西宮教会）を招いた。講演は次のように始められた。

教会を与えられている私たちは教会を守っていく責任がある。教会を大切なものとし、生活の基盤にすえ、教会が安全に成長すべく努めねばなりません。

教会学校夏期デイキャンプ（七月二九日、広見町安森洞）、分区中高生夏期キャンプ（八月九日―一一日、由良半島後）を終えると、八月二九日から九月三日までが夏期休暇だった。そこで二九日に弟のスカイラインで宇和島を発ち、小原安喜子先生が勤務しておられる邑久光明園を訪問し一泊する。先生の宿舎を訪ねると、インスタント食品が山になったコーナーを指して、「滞在中はこれらのどれを食べてもよろしい」と許可された。その上で「突然の手術が入ったりして私の仕事は不規則なので、家の出入りも自由です」と説明を受ける。それから光明園家族教会（津島久雄牧師）まで案内いただき、そこで別れる。それ以降光明園で小原先生と会うことはなかった。教会に上がると教会員が食べやすく切ったスイカを運んできて下さった。ところが、初めてハンセン病患者を目の前にした私にはスイカの味がしなかった。翌朝、スピーカーから「今、光明園に牧師が来ておられます。朝一〇時からの礼拝で話をしていただきますので、みなさん光明園家族教会にお集まり下さい」と聞こえてきた。この放送にドキッとする。流されている「牧師」とは私のことに違いない。何の打ち合わせもしていなかったが、放送された以上参加するしかない。朝一〇時前には教会を訪ね、礼拝に出席した。「故郷を思う」（マタイ一二章四六―五〇節）と題して説教する。ところが、大きな声を張り上げ情熱をこめて説教している自分に気づく。聴衆が食い入るように聞いていたからである。讃美の歌声も会堂を揺るがすばかりにどよめいていた。礼拝を終えてからは多くの方と握手し、言葉を交わして別れた。昨日、スイカの味がしなかったのはウソのようだった。

教会玄関を叩く人

信愛教会で半日研修会（九月四日、テーマ「教会の形成」）を行って間もなく、菊澤敏光が吉田病院に入院した。お見舞いに行くとベッドの上に座られたので、お祈りをする。帰りがけに「インマヌエル、アーメン！　神が共にいますから、安心して手術を受けます。教会の皆さんにも、教会学校のみんなにも、『心配はいらない』とだけ伝えて下さい」と言われた。

一〇月になると日の暮れが早くなる。その日も夜七時を回り暗くなっていた。すると「ドン！　ドン！　ドン！」と教会の玄関をたたく人がいる。慌てて出てみると、三〇歳代半ばと思われる男性が立っていた。ゲートの向こうには小学校低学年の女の子が泣きながら、「お父さん、お父さん」と呼んでいる。閉められたゲートを飛び越えて、懸命に玄関の戸を叩いていた男性に異常な様子を感じる。いきなり彼は「先生、私には悪霊が憑いています。どこの神社に行っても、お寺に行っても、教会に行っても悪霊を追い出してもらえません。この教会が最後だと思って、お願いに来ました」と言った。「分かりました」とだけ答えて、まず女の子を塩野まりに見てもらうため牧師館に預けた。それから男性Bを案内して第一集会室に入り、ひたすら「そうですか」、「そうだったんですね」とうなずきながら、彼の話を聞く。Bは真剣そのもので、いずれも重い話だった。一時間余りして話が途切れたので、そのタイミングを捉

教会玄関を叩く男性
（1983年10月）

えて尋ねる。

塩　野　それで、悪霊を追い出してほしいのですね。

Ｂ　　　そうです。お願いします。

塩　野　ここは教会ですので、聖書を読んでお祈りをします。よろしいですか。

Ｂ　　　よろしくお願いします。

それからマルコ福音書八章二五―二七節を読み、声を張り上げて「主イエス・キリストの御名によって命じる。悪霊よ、この人から出ていきなさい！」と祈った。祈り終わると、Ｂは「先生、体が軽くなりました。悪霊が出ていきました。ありがとうございます」と言ってたいそう喜ばれた。それから財布を出して、「いくらお礼を差し上げたら、よろしいでしょうか」と尋ねてきた。それで「お礼はいりません。お嬢さんと家に帰って、安心して暮らして下さい」と返事する。さらに「これからも困ったことがあれば、いつでも教会を訪ねてきて下さい。話を聞いて祈ってあげますから」と加えた。Ｂはそれからも数か月に一度は訪ねて来たので、話を聞き聖書を読み祈った。電話でも同じようにする。教会では月に一回、寺坂ミツルに手伝ってもらって、週報を発送していた。寺坂が宛名を書き、私の手紙を添えて送って下さる。Ｂにも週報を送り続けた。

一一月に画家田中忠雄先生を招いて、信愛教会の教会創立九五周年記念集会を行った。田中先生は第一二代田中兎毛牧師の長男で、戦前に宇和島に来たことがある。都築績や平井光子、山本登美子は当時を覚えていて、旧交を温めていた。田中先生はスライドで映し出した作品に自らの人生を重ね合わせて話された。聴衆の多くは共感しうなずきながら聞いていた。信愛教会の礼拝を終わり一段落すると、先生から誘い掛けがあった。

僕はコーヒーが好きでしてね。

吉田に喫茶店があれば、夜の特別集会までの間にちょっとゆっくりしたいんだが、……。

それで早目に宇和島を発って吉田へ出かける。教会から吉田病院の前を通り過ぎたところで右折し、立間川を渡った左手に喫茶店があった。川越しに吉田の町並みを眺めながら、田中先生夫妻とゆったりとコーヒーをいただく。とても喜んでいただき、感慨深そうに田中先生は「吉田にもこんなにおいしいコーヒーを出してくれる店があるんですね。いやぁ……、驚きました」とおっしゃった。

西田哲二氏が一一月一五日に亡くなられたので、二〇日午後に教会で記念式を行った。佐川七生の兄である西田氏は、和代・三菜・相子三姉妹の父親である。二年前のクリスマスに洗礼を受けた西田相子の真剣な表情を思い出し、「彼女にはすでにお父さんの体調に対する不安があったのかもしれない」と思った。吉田教会のクリスマス礼拝（一二月二五日）で、西田三菜が洗礼を受けた。こうして、西田三姉妹は全員が吉田教会の会員となる。

南予分区の教師に一九八四（昭和五九）年三月から四月にかけて異動がある。宇和島中町教会と三間伝道所を担当していた森場政吉牧師が三月末で辞任し隠退された。ただし、教会近くに転居し四月以降も教会への出席は続けられる。後任に浦上結慈牧師が着任した。近永教会の盛谷祐三牧師も三月末に辞任し、長崎平和記念教会へ転任された。芦名弘道牧師が後任として来た。

仏壇前の集い

一九八四年度から金曜日の隔週を吉田教会の滞在日とし、木曜日の第一週は信愛教会の牧師面会日とした。吉田教会滞在日の午前中は教会にいた。ところが、次々と訪ねてくる人がいて休む間もない。なかでも菊澤敏光はお弁当持参で来られたので、昼食を共にする。午後からは訪問に出たが、これにも同伴された。訪問先は教会関係者中心だったが、菊澤の知り合いも加える。ある時は海岸沿いにある工場を訪ねた。菊澤が玄関の戸を開けて「ごめん下さい」と声を掛けると、一人の女子従業員が驚いたような表情で出てきた。すると彼女に向かって、「頑張っているか。そうか、偉いぞ。何かあったら、いつでも話に来なさい」と語りかける声が聞こえてくる。女子従業員は菊澤が養護クラスで教えた生徒だった。吉田教会のイースター礼拝（四月二二日）で奥平佐恵子が洗礼を受ける。彼女の壮大な信仰告白は礼拝参加者の心に響いた。

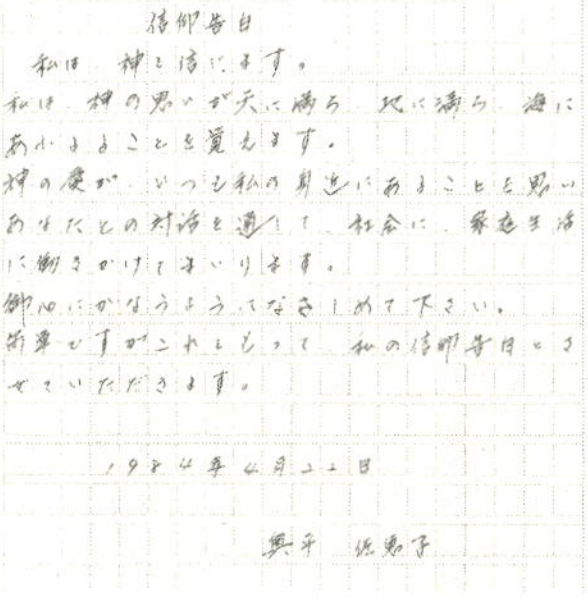

信仰告白

私は　神を信じます。
私は　神の思いが天に満ち　地に満ち　海にあふるることを覚えます。
神の愛が　いつも私の身近にあることを思い　あなたとの対話を通して　社会に　家庭生活に働きかけてまいります。
御心にかなうように　なさしめて下さい。
簡単ですがこれをもって　私の信仰告白とさせていただきます。

１９８４年４月２２日

奥平　佐恵子

「神の思いは海にあふるる」（奥平佐恵子の信仰告白、1984 年 4 月 22 日、吉田教会）

五月に入って吉田教会の三瀬から相談を受けた。「近所に住んでいるCが大変気の毒なことになっています。宇和島東高校に通っていたお孫さんが自殺されたんです」。早速、Cを訪ねると仏壇の前に通された。仏壇に一礼して向き直ると、C夫妻と三瀬が座っている。「仏壇の前ではありますが」と断って、「悲しみと祈り」について話した。

悲しい時は何をしていても悲しいものです。そんな場合には無理に悲しみを断ち切ろうとしないで、悲しいだけ悲しまれたらいいのです。ただ、その悲しみをお孫さんに対する祈りへと変えて下さい。悲しむ心をもって「どうか孫を守ってやって下さい」と祈るのです。人のために祈ることをとりなしの祈りと言います。聖書ではとても重要な祈りの一つがこのとりなしの祈りです。

話し終わると、Cから「ぜひまた聞かせて下さい」と言われた。それで仏壇の前における小さな集まりはしばらく続く。秋になると「もっと多くの人に聞いてもらいたい」と希望が出た。そこで会場を料理教室の三瀬宅に変え、知り合いにも呼びかけ家庭集会として継続した。

その頃信愛教会を訪ねてきた一人に稲葉哲也がいる。(2)視力障碍者の彼は東京でリンパ液の働きを活性化する針治療を習得して、宇和島へ帰って来ていた。稲葉の治療を受けると、体が軽くなった。商店街を本町追手まで上った所にカフェ蛮がある。思いがけないことに蛮を経営する大本洋子も訪ねて来た。それ以来、蛮にはたびたび出かけるようになる。宇和島でよく知られた店の若主人Dが来たのもその頃である。「結婚に失敗しました。三浦綾子が好きなので、彼女の作品について話を聞かせてもらえませんか」という希望だった。それで、『氷点』や『塩狩峠』など三浦作品について一時間ばかり話をする。それからも毎月来ていたが、自分の問題については何も話さなかった。

四月には信愛教会の創立百周年記念委員会を立ち上げて一年が経過していた。委員会が主に取り組んでいたのは百年史編纂作業で、基本史料である総会議事録・役員会議事録・週報を読み続ける作業に変更はない。しかし新たに、個別教会史編纂の方法論検討と概説の執筆が加わった。他方、吉田教会でも信愛教会に刺激されて、『九〇年史』編纂への期待が高まっていた。そのために通常の業務を終えた夜八時過ぎから毎晩のように牧師室に閉じこもり、両教会の教会史編纂作業に取り組む。(3)

一九八四年度の標語を「伝道」と決めて、春の特別集会の準備を進めていた。しかし、講師のT牧師と日程調整に手間取り、七月一日になってようやく予定（七月一五日、テーマ「伝道」）を公にできた。ところが、直前に講師から連絡が入り、特別集会は「健康上の理由」により中止となる。

八月には、教会学校デイキャンプ（二日）を近永教会で実施する。南予分区中高生キャンプ（七日―九日）は由良半島後で行い、講演を担当した。一二日に信愛教会で大庭和子が洗礼を受ける。二六日の礼拝後は中平常太郎の記念会で、関係者が多く集まった。九月二日に半日研修会（吉田教会、テーマ「伝道」）を開催する。恩師深田未來生先生（同志社大学神学部）を招いて、信愛教会と吉田教会で特別集会（一〇月二一日）を行う。信愛教会の講演「上着を脱ぎ捨てる」の結びは次の通りであった。

私たちは毎日の生活の中で種々雑多なことに心を惹かれエネルギーを使います。忙しくただあわただしく生きています。そんな中で私にとって何が一番大切なのか。何を自分は一番求めているのか。私にとってのイエスが曖昧になっています。意図せずして見えるものすら見えなくなり、道端に座り込んでしまいます。しかし、バルテマイはイエスに会うために上着を脱ぎ捨てた。そこには奇跡の第一歩があったのです。

深田先生を一〇月二二日に松山空港まで送る。別れる際に「これで奥さんと食事でもして下さい」と言ってお小遣いを頂いた。

大久保佐恵子が一一月二八日に吉田病院に入院する。胃癌だった。その日の夜、彼女の祖母から電話で「先生、助けてやって下さい。私たちは一生懸命に祈ります。先生、あの娘を助けてやって下さい」と言われた。一二月五日の手術後に、主治医から「もう奇跡は期待できません」と告げられる。ところが、佐恵子を見守る人々に明らかな変化が起こっていた。だから、病に倒れるまでは一人で負っていた苦しみや重荷から解放されて、病床の彼女には安らかさがあった。二月に入り意識がもうろうとする中で、彼女から「たけ（武史の愛称）も神様を拝みなさい。神様にお祈りをしなさい」と聞く。大久保佐恵子は二月二八日に眠るように亡くなった。三月二日に行われた告別式の式辞は二人の子息、武史君と直樹君への語りかけで結ぶ。

　真っ直ぐに伸びる一粒の麦。
　つらさにも悲しみにも負けないで、
　真っ直ぐに伸びる一粒の麦。

君たちのお母さんは、
あの麦のように立派に生きた人だった。
つらさの中でもおおらかに歌い、
悲しみの中からも人の慰めを祈った。
君たちのお母さんはそんな人だった。
そして、
君たちはそのお母さんの大切な宝物だった。

教会会計から三〇万円の補助を得て、一九八四年一二月末に三菱自動車のトレディアに乗り換えた。一九八五年一月下旬には新古品のワードプロセッサを購入したので、一月二七日よりワープロによる週報となる。春の特別集会をキャンセルしたT牧師の申し出により、二月一七日の信愛教会は「祈祷の教会」と題して説教いただく。ところが、礼拝直後に「急な用事が教会にできた」と言い残して、京都へ帰られた。吉田教会の特別集会は塩野が代わって説教を担当する。そのため、謝礼は信愛教会分しか渡せなかった。後にこの件を取り上げてある役員が「恩義ある先生に申し訳が立たない」と主張したので、教会は混乱する。南予分区では三月末に大洲教会の佐藤司郎牧師が辞任し、後任に山本祐司牧師が着任された。

註

（1）棟方先生は食事を大変気に入られ、「宇和島は美味なところであった」とお便りを下さった。
（2）稲葉哲也については、「清掃の心」塩野和夫『一人の人間に』七一—七三頁参照。
（3）宇和島信愛教会の百年史編纂作業については、塩野和夫「あとがき」『宇和島信愛教会百年史』二六一—二六二頁参照。伊予吉田教会の九〇年史編纂作業については、塩野和夫「あとがき」『日本キリスト教団　伊予吉田教会九〇年史』一四五—一四八頁参照。

第九章　光を放て!!

打ちのめされる

一九八五年度は信愛・吉田教会在任期の大きな転機となる。信愛教会は創立百周年記念事業の検討と募金案策定のため委員を増やした。吉田教会は意見の違いはあったが、定住牧師招聘を課題とした。両教会がそれぞれの課題に向かって歩もうとしている中で非力を痛感させられる出来事に遭遇し、打ちのめされていく。

清水敏幸がイースター礼拝（四月七日・信愛教会）で洗礼を受け、百周年委員にも加わる。彼は教会の新しい動きを担う一人だった。吉田教会は二年後に迫る創立九〇周年に向けた計画を立て、夏期伝道師を迎えることにした。四国教区では教区だより委員長（任期二年間）を引き受ける。山本祐司牧師（大洲教会）と畠沢雄光牧師（伊予長浜教会）の助力を得て、一年間に二回、合計四回「教区だより」を発行した。

一九八五年度の標語は「伝道の展開」で、春の特別集会講師に信愛教会第二二代牧師の鈴木省吾先生（市川三本松教会）を招き、五月一九日に行った。朝の礼拝説教「キリストこそすべて」は次のように始められた。

キリスト教信仰とは、一言でいうならばキリストとの交わりに生きることです。これから信仰生活を送ってほしいという人にはただ一点、キリストとの交わりに生きることを望まれるかどうかを尋ね、信仰を勧めます。他のことは少しずつ分かっていけばよいのです。

光来園（特別養護老人ホーム）には教会員の堀部直と寺坂ナカがいた。来客を満面の笑みで迎えた堀部は茶道の教師、寺坂はアメリカでレストランを経営していた。堀部が容体の悪化により入院したのは五月下旬で、七月一七日に亡くなる。医院から「すぐに亡骸を引き取りに来るように」と指示されたので、直ちに医院へ向かった。直さんには牧師館の書斎で一晩休んでもらう。彼女の横には塩野まりが付き添い、牧師は前夜式と告別式の準備をした。告別式式辞の結びで「直さん、真っ直ぐにイエス様のもとへ行くんですよ。直さん、イエス様の下で今こそ安らぐんですよ。直さん、どうぞあの笑顔で天国を明るく照らして下さい」と呼びかけた。

大西正一から夕刊宇和島の新聞記者宇都宮潤子を紹介されたのは五月だった。二人は事前の打ち合わせをしていたらしく、直ぐに本論に入る。夕刊宇和島には「皮てんぷら」というエッセイのコーナーがあった。宇都宮記者から「六月から三か月間、この欄を担当してほしい」と依頼される。大西も「塩野さんは文章が書けるけん、引き受けたらいいと思う」と口を合わせている。せっかくの機会でもあるし、引き受けることにした。「皮てんぷら」一三回分のテーマは「ぼくの青春・点数の魔力・天に宝積める者・忘れえぬ師・無言有言の祈り・ありがたきは友・真の愛国者・大きな心・出会い・無名でありなさい・私の宝・母のこと・宇和島体験」である。これらを小冊子「続　一人の人間に」にまとめた。だが、なぜ「続」なのか。実はかつて「一人の人間に」(一九七四年)を作っていたからである。

鬼が城山が宇和島から南東の方向にそびえ立っている。六月だったと記憶するが、鬼が城山のふもとで自殺した人の記事が新聞に載った。自ら命を絶った人の名前を見て、「ええっ！」と心底驚いた。以前から話をしていたDだったからである。毎月のように教会を訪ねて来ていたので、彼とは親しくなっていた。三浦綾子からキリスト教信仰、さらに家の商売までも話題にのぼる。自殺する二週間くらい前にも会っていた。ただ、記事を見て思い当たることがあった。

そういえば、「離婚した」という以外、彼自身について触れることはなかった。三浦綾子やキリスト教信仰など人間の心に迫る話をしながら、どことなくよそよそしく感じられた。

そのような語り口のどこかに、彼の心から発せられるＳＯＳがあったのではないか。

関谷直人夏期伝道師（現在、同志社大学神学部教授）が、七月三一日から九月二日まで吉田教会牧師館に滞在して教会活動に参加した。その間、教会学校夏期デイキャンプ（八月二日）が柿原「ちびっこ広場」で、南予分区中高生夏期キャンプ（八月六日―八日）は三浦半島大内で、松山教会中高生キャンプ（八月一四日―一六日）が吉田教会で行われた。早見香菜子が八月一八日に信愛教会で洗礼を受けた。九月一日には信愛教会で半日研修会

（テーマ「伝道をどうしたらよいか」）を開いている。

九月になった頃、大柄で二〇歳代後半と思われる青年Eが教会を訪ねて来た。片足に障碍があるため、歩き方は不自然に見えた。彼はいきなり「足が不自由で、家業を継ぐことができないんや」と直面している問題を持ち出してきた。家業の話をする時、ひどく緊張して不安そうに見えた。そこで差しさわりのない事柄を話題にする。一時間も話し合っていると、穏やかな表情になっていた。そんな話し合いを何回か続けていた時に、Eの母親から電話がかかる。彼女は緊張した声で「息子が見当たらないのです。もしかしたらそちらの教会に行っているのではないかと思い、電話をさせてもらっています。最近、『信愛教会へ行って、話を聞いてもらっている』と言っていましたから、……」と尋ねられた。

数日後の新聞に、「川で青年の溺死体があがった。誤って川に落ちたと思われる」と報道されていた。直感的に「この青年はEで、川に飛び込み自殺したのだ」と思った。

Eの母親から電話があって一週間ほど経った頃、さらに一通の手紙を受け取る。差出人の住所や氏名から「悪霊を追い出してほしい」と話したBの関係者であることは間違いなかった。手紙には「Bが大変お世話になりました。けれども、今後彼への手紙は不要です。亡くなったからです」と記されていた。手紙には死因を書いていなかった。けれども、

「Bも自ら命を絶ったに違いない」と思えた。

DもEもBも抱えている問題を直視していた。彼らは純粋だった。だから、彼らと語り合った時間は「かけがえのない大切な時だった」。そうであるのに、何の力にもなってやれなかった。数か月の間に三人を失って、深い喪失感に襲われた。吉田から宇和島へ帰る途中に知永峠がある。その日は金曜日で、吉田滞在日の仕事を終え知永峠にかかったところだった。突然一本の道が何重にも見え、車の運転に緊張が走る。それは心身からの警告に違いなかった。

どた靴

松山キリスト教書店の平岡信司は月に一度キリスト教書の販売に来ていた。信愛教会に駐車場があるためか、彼は第一集会室でゆっくりと過ごすようになっていた。すると大館義夫牧師（城辺教会）が来て、三人で話し込むのだった。一〇月に平岡から突然、「キリスト教出版業界では新しい執筆者を探している。塩野先生ならお書きになれるのではないかと思い、推薦している。それで半年くらいの間に原稿用紙五百枚程度の原稿を用意してもらえないだろうか。新教出版社の森岡巌社長が松山に来られた際にお渡しし、検討してもらおうと思う」と提案を受けた。思いがけない申し出だったので即答できるはずもなく、「しばらく考えさせてもらいたい」と答えておいた。

秋の特別集会（一一月一〇日―一一日）に筋ジストロフィーを患っていた難波紘一先生を迎えて、集会を持った。朝の礼拝、「苦しみを担う者の信ずる所」（ヨブ二章一―一〇節）の冒頭部分は次の通りである。

この病気になり間もなく八年になります。足は動かなくなり、手も不自由です。病が進むと、飲み込む力もなくなり、心臓を動かす力もなくなってしまいます。むごたらしく、悲惨な病気です。

信愛教会の創立九七周年記念礼拝（一二月八日）に第二一代牧師の種谷俊一先生（尼崎教会）を招き、吉田教会でも午後四時から礼拝を行った。信愛教会における説教「墓に収めて」（マルコ一五章四二―四七節）は次のように始められた。

イエスの埋葬をマルコは簡潔に書きます。医者の死亡診断書のようです。花も供え物も何もない。一枚の麻布だけです。犯罪人のため権力の圧力があり、人目を忍び取り急いでなされた埋葬であったのだろう。昭和一六年春、軍隊を脱走した兄の亡骸が焼かれた印象と重なる。やるせない気持ちで兄の遺体が焼かれるのを見たのだった。

種谷牧師の時代に牧師館はなく、なつかしそうに「講壇右横のスペースに二段ベッドを作り、そこで寝ていた」と話しておられた。

信愛教会クリスマス礼拝（一二月二二日）で大本洋子と藤野晴男が洗礼を受けた。イースター礼拝（一九八六年三月三〇日）には信愛教会で畑野暢子が洗礼を受けた。すると、教会に通い始めていた三〇歳前後の女性が大本を中心に集まり始め、二月六日に白百合会を結成する。白百合会は「結婚と家庭を考える」をテーマとして例会を開き、一〇名を越える参加者があった。

信愛教会は慎重な議論を重ねて、一九八六（昭和六一）年度から百周年募金を始める。七月には百周年記念事業の第一期工事として掲示板と看板の設置工事を行った。吉田教会では創立九〇周年記念の準備を始め、『九〇年史』の表紙を菊澤尋吉氏（菊澤敏光の兄）

に依頼する。
春の特別集会（六月八日）に第一四代牧師大山寛先生（京都教会）を迎え、朝の礼拝（信愛教会、朝一〇時一五分）と夜の礼拝（吉田教会、夜七時）を行った。大山牧師が寄せて下った祈りの言葉は次の通りである。

天のお父さま
あなたの不思議な御摂理のうちに、五〇年前に御教会に遣わされまして、久しく交わりをなし、宣教を共にし、み言を学んでまいりました。まことに弱くもあり、町の姿も変わりまして、今昔の感に耐えないものがございますが、御教会とともにある五〇年前に立ち帰る思いがいたします。
今般、この足りないしもべを通して御業をなしたもうた恩寵は、どうか塩野牧師とその家族とを通して、また御教会の役員はじめすべての人たちを通して、なくてならぬ福音が誰も持っておりませんこの福音がこの宇和島の市民に宣べ伝え、証しされることができますように祝福して下さいませ。
主の御名を通してお願い申しあげます。　アーメン一九八五年に三名の自殺者を出し、立ち直れないでいた者の心に響いた情報があった。松山教会で開かれた同信会（六月二三日）において、中村博牧師（松山教会）から発題のあった「心の講座」である。役員会の承認を得て、松山教会で開催された「心の講座」（七月二一日・八月一八日・九月二二日）に参加する。講師の精神科医平山正実先生は具体的な事例をあげながら、「急速に変化する時代にあって、人間の心が抱える問題は多様化している」と説いていた。

今井牧人神学生を夏期伝道師として招き、七月二五日から吉田教会に滞在し教会活動へ参加してもらった。吉田教会で本井澄江と本井静が七月二七日に別帳会員から現住会員へ復帰した。教会学校夏期キャンプ（八月七日―八日）三間基幹センターで、南予分区中高生キャンプ（一二日―一四日）は由良半島後で行われた。

吉田教会の来会者にE・F夫妻がいた。二人はいずれも牧師家庭の育ちである。ある夜、Eの父親から「息子をよろしくお願いします」と電話が入る。そこで、子育てに忙しい専業主婦のFと「吉田滞在日の夜、訪問するように検討しよう」と話し合う。加えて、信愛教会の百周年記念事業で説教壇・聖餐卓の製作を依頼した大工の山本文義氏が吉田町の在住者で、夜しか時間の取れないことが分かる。これらの事情で一九八六年度より金曜日の吉田滞在を夜まで延長した。菊澤と別れてまず訪ねたのは吉田高校の校長宅である。高校近くの宿舎に単身赴任していた校長から吉田高校で教える面白さを聞く。次いで立間川を越えて山本宅へ向かう。仕事の打ち合わせを終わると、山本氏から大工仕事の面白さをいろいろな角度から話してもらう。(1) 最後がE・F宅である。「夜の最後に来てほしい」とFから希望が出ていたためである。彼らの家には、菊澤宅の前を通って行く。後に分かった事実であるが、菊澤は自宅の窓を開けてE・F宅へ向かう牧師を見ていた。そして私の歩く姿を「どた靴」と表現した。(2) 牧師の来訪を予想して、ほとんどの場合Eは帰っていなかった。そういう時は玄関でお祈りだけして失礼した。

「心身の様子がおかしい」と塩野まりから告げられたのは、八月に入って間もない頃だった。いつものように「牧師はしゃんとしていなさい！」と励ましてくれる彼女の身に何かが起ころうとは想像もしていなかった。聞いてみると、牧師不在の教会や牧師館では直接牧師には言いにくい問題を教会員が牧師夫人に話したり、思いもよらないことも発生したりしていた。それらをまとめながら解決策を求めて思いめぐらしていて思い当たったのが、「心の講座」講師の平山正実先生である。そこで、事情を記した原稿用紙を添えて送り面談を希望した。指定された港区南青山の喫茶店で平山先生とお会いしたのは夏期休暇中の八月下旬である。丁寧に原稿を読んでいた先生はまず「このような原稿を他人が持っているべきではありません。返却しますので、処分されたらよろしいと思います」と言われた。次に、私たちの現状に対する先生の見方を話され、「拝見する限りでは、このまま宇和島に留まっておられたら奥様だけでなく、牧師先生の命も保障できません。それほど事態は切迫しているとみるべきでしょう」と言われた。その上で、具体的に「命を守るために、奥様はしばらく宇和島を離れるべきです。ご実家が大阪にあるようなので、少なくとも半年は宇和島を離れてゆっくりと静養し、心身の回復をはかるべきです」と助言された。

思いもしなかったアドバイスに、私たちはうなだれて喫茶店を後にした。示唆を受けて一〇日間あまり、「心身に問題が生じるまで牧師を支えてくれた妻について」、「妻の身に問題が生じている事実に全く気付かなかった自分について」、「牧師の仕事を続けることと家庭生活について」など、いろいろな思いが頭の中を駆け巡った。しかしいずれにしても、妻塩野まりを大阪の実家へ送り帰さなければならない。彼女を送り出した九月一四日朝、妻の手を握り慟哭した。その日の礼拝で「ここから始まる」（使徒言行録一三章一―一三節）と題する説教をした。結びは次の通りである。

己を空っぽにする時、そこから新しく始められるのです。なぜならば、聖霊は空っぽになった私たちに注がれるからです。自己主張でいっぱいの人、生き方へのこだわりでいっぱいの人には聖霊も働きようがありません。だから砕かれることも時には良いのです。私たちは呻きます。つらいです。しかし、ここから始まるのです。神の祝福は空っぽになった私たちから始まるのです。

その猫に「ポー」と名前を付ける

塩野まりを送り帰してから、たびたび電話したのが宮崎達雄牧師（当時、松山古町教会）である。教会の問題を話し合った。信愛教会の困難な状況を紹介すると、「同じような問題がありますから、よく分かります」と宮崎牧師は共感してくれる。彼が古町教会の問題を出すと、似たようなことがあったので頷きながら、「よく分かります」と答えた。

訪問活動の前後に八百屋の大西を訪ねる。ひとしきり芝居の話をしてから「自分の所にまで聞こえてくるんだが、……」と切り出して、教会の問題に対する大西の見方を聞かせてくれた。

大西　宇和島でもいろいろな話は聞いてきた。けどな、今回の教会における問題、これほどえげつない話は聞いたことがない。
塩野　牧師に反対している人たちの教会に対する帰属意識が深いためです。
大西　Kがいろいろ動いていると聞こえてくるで……。
塩野　若い人たちが洗礼を受けて、このままでは「塩野の教会になってしまう」と言っているようですね。危機意識が強いのでしょう。
大西　先日も京都まで行って、T牧師に塩野さんの悪口をさんざん言ってきたそうやな。
塩野　聞いています。T先生は彼らの仲人なので話が通じるのでしょう。
大西　それにしても塩野さん、大変やな。教会という所も本当にむずかしいな。

秋の特別集会（一〇月一二日）は飯清牧師（霊南坂教会）を招いて、吉田教会（昼三時）と信愛教会（夜七時）で行った。塩野まりは一一月上旬に帰って来てくれた。

九〇歳を越えていた山下フサが一一月一三日に病床で洗礼を受けた。土曜日夕方の訪問を楽しみにしながらも、「私は門徒ですから」と自分の立場を大切にしていた。ところが、手術を受けるにあたって「キリスト教徒になろう」と決意される。手術前に一つだけ聞かれた質問があった。

山下　仏教における念仏のようなものがキリスト教にもあるのでしょうか。

塩野　あります。「インマヌエル　アーメン」と言うのです。「インマヌエル」とは「神様が私たちと共にいて下さる」という意味です。「アーメン」は「心から願います」です。この「インマヌエル　アーメン」を、吸う息と共に吐く息とともに唱えるのです。そうすると、心も体も「神様が共にいて下さる」という思いで満ちてきます。

山下　それでは、手術の際にも「インマヌエル　アーメン」と唱えることにします。

塩野　ぜひそうして下さい。

冊子「わたしたちのオアシス」が一一月二三日に出た。仏壇の前から始まったミニ家庭集会における講話をまとめたものである。関係者が手分けして録音を文章にし、冊子としてまとめて下さった。一九八七（昭和六二）年一月一九日には新教出版社社長森岡巌氏と松山で会った。平岡の推薦について思いめぐらす中で浮かび上がったのは、祈祷会における原稿をまとめることである。それが出版に値するかどうかは分からない。しかし、「現場で語られ聞かれた聖書の言葉には意味がある」と思われた。原稿は新教出版社から四月に『祝福したもう神――創世記の学び』として刊行された。

松村龍二が信愛教会のイースター礼拝（四月一九日）で洗礼を受けた。誠実な人柄で、宇和島在任時に、同期として入社した社員間のピアノ販売で連続して日本一の実績を上げている。信愛教会は創立百周年記念事業の二期工事として会堂天井張替や塗装工事、照明器具の取り換えを行った。吉田教会は五月一七日午後二時より創立九〇周年記念礼拝を挙行し、『伊予吉田教会九〇年史』と版画「光を放て」を贈呈した。版画に添えた説明文は次の通りである。

版画「光を放て」

『伊予吉田教会九〇年史』表紙のスケッチに教会を訪ねた菊澤尋吉氏の目を奪ったのが、講壇の椅子であった。木製で背もたれの長い椅子に「生命的

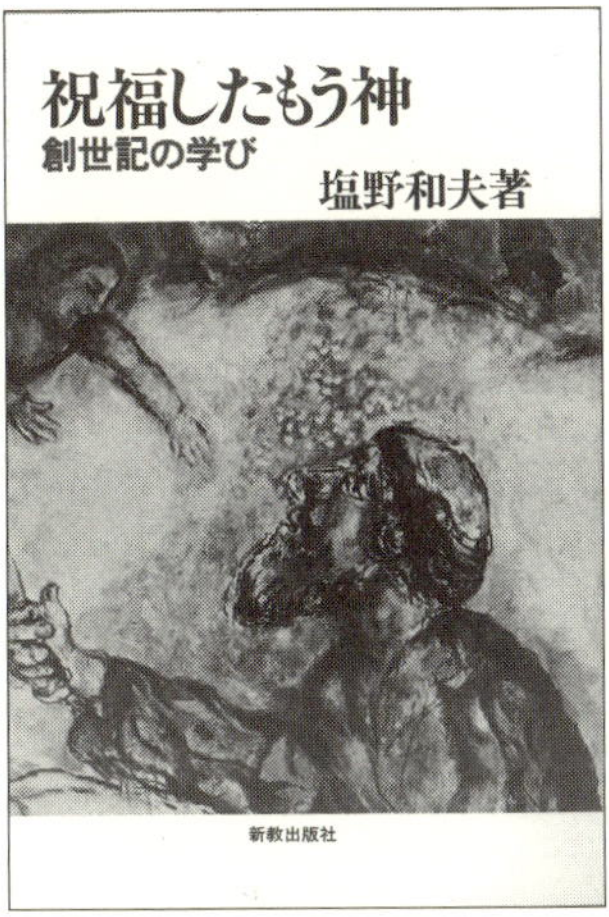

『祝福したもう神――創世記の学び』（新教出版社、1987 年）

版画「光を放て」
（菊澤尋吉作、1987 年）

『伊予吉田教会九〇年史』
（1987 年）

なものを感じた」と菊澤氏は言われる。伊予吉田教会は一九七九（昭和五四）年に会堂を改築し、その際教会に備えられていたほとんどすべての物は新調した。その中で、わずかに記念として残された一つが講壇の椅子である。言うまでもなく、福音主義教会の生命は礼拝説教にある。礼拝説教によって教会は立ちもし倒れもする。教会は礼拝説教によって光を放ち続ける。講壇の椅子は教会の生命である説教を守り、温め、放つ場であった。吉田教会旧会堂が建設されたのは一九三二（昭和七）年であり、それ以降時代の波を越え一貫して講壇から説教は語り継がれてきた。その影響は測り知れない。なお題名の「光を放て」はイザヤ書六〇章一節から採った。伊予吉田教会が神の言によってさらに豊かに広く深く「光を放つ教会であるように」との祈りを込めて。

信愛教会で開催された南予分区総会（四月二六日）で分区長に選出される。松山で開かれた教区総会（四月二八日―二九日）では森分直樹牧師（八幡浜教会）が教区総会議長に選ばれた。

一九八七（昭和六二）年度の標語は「協力伝道」で、前任の第二四代牧師栗原昭正先生（高崎教会）を迎えて春の特別集会（五月二四日）を開いた。信愛教会における説教「神のみ業が現れるために」（ヨハネ九章一―七節）の結びは次の通りである。

西村久蔵は旧制中学四年生の時に落第をしました。落第し手をついて謝る久蔵に父親は言ったのです。「なあに、人間ちゃんと生きていれば失敗もいつかは勲章になる。人様の前で中学の時に落第をしたことがあると言える人間になってみろ。お父さんはな失敗は人間にはなくてはならないものだと思っている。そういう経験のない人間には人の涙も痛みもわかりゃしないのだ」と言ったのです。久蔵にはその時の父の言葉が生涯忘れられなかったのです。息子の失敗を息子の将来のために生かそうとする、それはキリストの福音です。

神戸女学院の伝道キャラバン隊が七月一五日—一六日と吉田教会に宿泊し、子どもを対象にした集会を信愛教会と吉田教会で開いた。中野敬一夏期伝道師は八月五日から九月上旬まで吉田教会に滞在し、教会活動全般に参加する。教会学校夏期キャンプ（八月六日—七日）を三間町基幹センターで「教会が生まれた」をテーマに実施し、三二名の参加があった。南予分区高校生キャンプ（一一日—一三日）は由良半島後で行う。九月六日には信愛教会で「協力伝道」をテーマに半日研修会を開催した。

七月下旬のある日午後、信愛教会の駐車場に蹲っているものがいた。教会に向かって右側の少しくぼんだ場所で、何なのかよく分からなかった。近づいてよく見ると、顔にも体にも傷のあるやせた猫だった。「ネコさん」と声をかけると、「ニャー」と答えてくれる。シャムネコで、首には古びた首輪をつけている。かつては飼い猫だったのだろう。数日後、吉田へ出かける前にも会ったので、「ネコさん」と声をかける。するとこちらに向き直って、「ニャー、ニャー、ニャー」と返事をしてくれる。なぜか、その鳴き声を痛々しく感

ポー（猫、推定７歳）との出会い（1987年８月）

じた。吉田から中野夏期伝道師と帰ってくると、駐車場で待っていた。「待ってくれていたんだね、ネコさん」と語りかけると、「ニャー、ニャー、ニャー」と声を張り上げている。吉田に犬猫医院があったので、中野神学生に連れて行ってもらう。その間に餌と器を買っておいた。診てもらったところ、眼や後ろ足の付け根に傷があって処置してもらう。獣医師によると、推定年齢七歳だった。その猫に「ポー」と名前を付けた。痩せて傷まみれのポーはそれでも純粋な心を失わず、風格を感じさせていた。どれだけポーに慰められたかしれない。

九月に入って、ふわっとした大柄のキジ猫が現れる。ポーの餌に気が付いてやってきたのだ。「ポーの餌だから」と言って追い払おうとすると、ポーが「ニャー、この子にも餌をあげて」と叫んでいる。ポーの言う通りにすると、おいしそうに食べている。それ以来、キジ猫は夜を牧師館で過ごし、昼間はご近所の浄満寺で昼寝をしていた。この猫に寅次郎(通称「トラ」)と名前を付けた。

かみさまがいるきがします

野村学園の生徒と先生が、秋に中型バスで信愛教会に来た。事前の打ち合わせに従い、会堂で歌ったりゲームをしたりして一時間ほど遊ぶ。それからいくつかのグループに分かれて商店街へ出かけて行ったが、どの子も本当にうれしそうなのである。不思議に思い尋ねたところ、引率の先生から「子どもたちは商店街で買い物をするのをずっと楽しみにしていましたから」と説明を受ける。彼らは野村学園で版画詩を作っていた。しばらくして送られてきた彼らの作品に息が止まるほど感動する。(3)

しんあいきょうかいには
かみさまがいるきがします
すがたはみえないけれども
かんじでわかります
そして
ぼくたちをみまもっています

《しんあいきょうかいのせんせい》
しんあいきょうかいのせんせいは
やさしくて
ピアノをひくおんなのせんせいの
ピアノにあわせて
おとこのせんせいが
うたをうたうのが
とてもじょうずです

ぼくたちは
きょうかいのせんせいが
きょうかいのうたを　うたうのを
しずかにききました

版画は思いもよらない形で一年ほど後に公にされた。

秋の特別集会（一〇月二四日―二五日）は吉田満穂牧師（高知教会）を招いて行った。「神の眼」（ヨハネ一章四三―五一節）と題した吉田教会における説教の結びは次の通りである。

一番大切なものは豊かさではありません。イエスの見守りを知ることこそ一番大切なことです。姦淫を犯した女にイエスは言われました。「もう罪を犯さないように」。それは親が子に言う言葉です。過ちを繰り返すことを知っているのです。百も承知でイエスは「もう罪を犯さないように」と言われるのです。それはイエスは見守っていて下さるということです。なんという幸いでしょうか。

稲葉哲也が信愛教会のクリスマス礼拝（一二月二〇日）で洗礼を受けた。松村洋子が一九八八（昭和六三）年三月二〇日に信愛教会で、大西正一がイースター礼拝（四月三日）で洗礼を受けた。大西は信愛教会で塩野牧師から洗礼を受けた最後の人となる。松村は多忙な塩野牧師のため教会事務を手伝っていた。

三月も中旬になったある日の夕方、牧師館を訪ねて来た人がいた。礼拝に欠席がちなNだった。

N　いろいろありまして、……。

塩野　信愛教会が大変なご迷惑をかけているのだと思います。

N　それがあまりにひどいんです。他人の家庭をなんと考えているのかと思います。

塩野「塩野先生は喧嘩が下手だ」と言う人がいます。でも、彼らと同じ土俵に乗ってやりあったら、それこそ教会は壊れてしまいます。

N　先生のお立場はよく分かります。家でも、「塩野先生は忍耐して、本当によくやっておられる」と言っているのですよ。

塩野「固く福音に立って、御言の説き明かしと祈りに打ち込む」、私にはこれしかありません。

N　役員としての責任だけは果たします。けれども先生には申し訳ないのですが、とてもじゃありませんが信愛教会に留まることはできません。

塩野　よく分かります。

N　娘の結婚もありますので、……。一段落してから宇和島中町教会に転会するかどうするのか、身の振り方は考えます。

塩野　祈っています。

Nは主要役員の一人として、信愛教会を支えていた。T牧師を迎えた時は会計役員だった。それだけにKから執拗な攻撃を受けていたに違いない。あれ以来、彼女を信愛教会で見かけたことはない。

四月一七日礼拝後に信愛教会の総会を行う。久しく見かけない人が何人もいた。彼らは役員選挙のために動員されていた。選挙の結果、前年度とほとんどの役員が入れ替わる。最初の役員会（四月二六日夜）においてである。入室すると、議長席の前に録音用マイクやカセットが何台も置いてある。Kが立ち上がり、発言した。

Ｋ　私たちは塩野牧師を辞めさせるため役員に選ばれました。そこで塩野牧師の発言を録音に取って一字一句を調べます。

塩野　穏やかではありませんね。

Ｋ　数年前になります。恩義のあるT先生に対する謝礼が他の先生方より少ないことがありました。こんなに申し訳のない事態もないと考えます。最高責任者として責任のある回答をして下さい。

塩野　その件については二通りの返答ができます。まず、特別集会では先生方に礼拝二回と講演会一回、合計三回の講話をお願いしています。T先生の場合、信愛教会における一回の説教だけでした。そこで、信愛教会分しかお礼を差し上げていません。もう一つですが、この件については両教会の会計役員で相談して決め、役員会がその報告を了承しています。さらに言うと、教会総会で

ある日の信愛教会役員会（1988年4月）

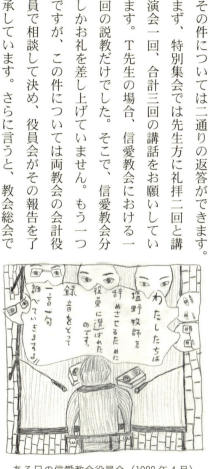

も承認していますので、何の問題もないと考えます。

K　これまでは自動車会計を牧師に任せてきました。それが適切に扱われていたかどうか、一円のミスもないかどうかを確かめる必要があります。ここに関係する書類をすべてご用意下さい。

突然の申し出だったので、牧師館に行きすべての関係書類を持参する。

K　これからは自動車会計を牧師に任せておくわけにはいきません。会計役員が担当しますので、承知下さい。

目の前にいくつものマイクを置かれ、検察官が被疑者を尋問するような雰囲気の中で進められた。役員会を終えて牧師館に引き上げると、立っていることもできないまでに疲れ切っていた。自動車会計には一円のミスも見つからなかった。

ポーが三月に伝染性の不治の病にかかった。塩野まりが国鉄宇和島駅から自動車学校へ行く途中にある黒田犬猫医院まで、ポーを抱いて連れていく。すると、おとなしく抱かれている。病気で小さな体がさらに小さくなっていたが、それにもじっと耐えている。手を尽くして看病したが、ポーは五月に地上の生涯を終えた。

ポーを送って間もない時だった。会堂の裏で子どもたちが遊んでいる。よく見ると生後一か月くらいの小さな猫の家をダンボール箱で作っていた。「はにまる」とか「ミッキー」と呼ばれていた赤ちゃん猫は、小さな体と同じくらいの長さがある立派な尻尾をしている。この猫も飼うことにして、「玉三郎」（通称「タマ」）と名前を付けた。

新年度が始まって間もなく、藤井三男が市立宇和島病院に入院する。それで連日お見舞いに出かけ祈っていた。その日も見舞いに行った帰り道だった。ばったり出会ったのは宇和島中町教会の渡部淑子である。

渡部　塩野先生、どこへ出かけておられたんですか。

塩野　市立宇和島病院へ、藤井三男さんのお見舞いに行っていました。

渡部　藤井三男と言うたら、塩野牧師を追い出そうとし

通りで泣かれる渡部淑子（1988 年 5 月）

ている役員じゃないですか。

塩野　よくご存じですね。でも私は牧師ですから、会員が病気になれば出かけて行って、その人のために祈ります。

渡部　塩野先生を追い出そうとしている、そんな人のために祈ってあげるのですか……?!

そういうと渡部は目の周りを赤くして、通りであることにもお構いなしに「塩野先生という人は、……、ウー、ウー、ウー……」と泣き出された。声をあげて泣いている渡部を目の前にして動くに動けなかった。自分のために涙を流す人がいてありがたかった。しかし他方、信愛教会の内部事情が早くも近隣教会に知られている事実に驚かされた。

「同志社大学グリークラブ宇和島演奏会」は、宇和島信愛教会創立百周年関連行事として企画された。しかし、一九八八年度に選出された役員会の立場から当初の計画を断念し、同志社大学グリークラブ宇和島実行委員会（代表清水敏幸、事務局松村龍二、問い合わせ大西正一、デザイン協力都築穣一）を立ち上げた。「ポスターには野村学園の版画を用いたい」という都築の希望もあって、六月に車を連ねて野村学園を訪ねる。卯之町から二九

ポスター　「同志社大学グリークラブ宇和島演奏会」（1988 年 8 月）

号線を東に進み、野村町の街並みの手前に野村ダム湖がある。その湖畔にある学園に着くと、八か月ぶりの再会を喜び合う。みんなが園を案内していただく間に、都築は版画の借用と使用許可を得ていた。七月に入るとポスターが宇和島の街のあらゆるところに張り出される。同志社大学グリークラブの宇和島演奏会（八月二日午後六時半）は南予文化会館に満席の会衆で大盛会だった。

神戸女学院伝道キャラバン隊は七月一五日・一六日と吉田教会に宿泊し、吉田教会で子ども向きの集会（一五日午後四時）を開いた。早瀬和人夏期伝道師が七月二六日から吉田教会に滞在し、教会活動に参加した。南予分区の中高生夏期キャンプ（八月九日―一一日）は三崎半島塩成で開かれる。薬師谷の白石宅で子ども会（八月二五日）を、中高生のガーデン・パーティ（八月二七日）を吉田教会で行った。平林智恵子が金沢元町教会から信愛教会に転入会したのは一〇月一六日である。

一一月も中旬に入ったその日も訪問活動を終え、大西の八百屋で休ませてもらっていた。しばらく雑談をしてから大西は真剣な面持ちで語りかけてきた。(4)

塩野先生は宇和島で実によくされた。しかし、このまま宇和島に留まっていたら、塩野先生は自分の可能性を芽生えさせることもなく終わってしまう。先生はこれまでにすべきことを十分にされた。だから、今は自分を守り、奥様を大切にしなければならない。そして、これからは神様が塩野先生に与えておられる可能性を芽生えさせ、花咲かせ、実らせなければならない。

大西の助言に深く納得できたので、臨時役員会（一一月二一日夜七時）を開いて年度末の辞任を申し出た。臨時総会（一二月一一日）で辞任が決定する。

信愛教会の創立百周年記念礼拝を執行したのは一一月一三日である。この日は礼拝に続き午後二時から百周年記念式典を開き、来会者に『宇和島信愛教会百年史』を進呈した。思いがけない出来事が起こったのは式典も終わり、玄関で来会者に挨拶していた時である。役員や一部会員が顔を背けて会場を後にしていく中で、「この度は百周年の記念式典及び『百年史』の御出版、まことにおめでとうございます」と

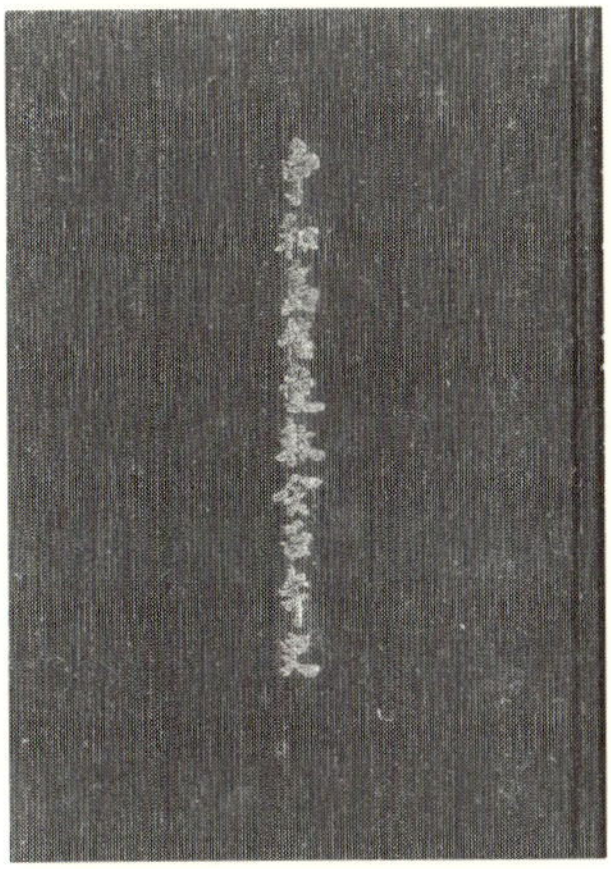
『宇和島信愛教会百年史』（1988年）

深々と頭を下げる人がいた。藤井三男である。なぜかその時込み上げてくるものがあり、私も藤井に深々と頭を下げた。

一九八九（平成元）年に入って、身体の異変に気付いた。右手の甲にできた擦り傷が治らないばかりか、広がっていく。免疫力の低下により傷を治す力がないに違いない。そこで命を守るためストレスの多い信愛教会から、妻と猫二匹を連れて吉田教会に転居した。

土肥昭夫先生（同志社大学神学部）を招いた合同礼拝（二月一二日午前一〇時半）を吉田教会で行った。「冬の日を走り抜こうではないか」（ヘブライ一二章一―四節）の結びは、次の通りである。

冬の日を走り抜こうではないか。長距離ランナーは孤独である。その孤独を励ますのが、観衆と先導する車である。私たちにとって観衆とは信仰の証人であり、先導して下さるのは主イエスである。一人の証人を紹介したい。中谷康子さんである。中谷さんは殉職した夫の遺骨が靖国神社に祭られるのに抗議し訴訟を起こした。一審二審と中谷さんは勝訴したが、三審で国に敗れた。けれども、中谷さんはにこやかに裁判所を出てきた。その時、こういう声が起こった。中谷さんはクリスチャンらしい。こういうのがキリスト教ならすごいのではないかと。一見、中谷さんの行動はキリスト教とは関係がないと思われる。しかし、背後にあって中谷さんを支えたのはキリスト教信仰であった。人々は中谷さんにキリスト教はすごいと思った。これが証しであろう。先立つイエスと証人に励まされて信仰の生活を送りたい。

信愛教会役員会の要望で三月に入ってから信愛教会に帰った。三月一九日夜は招待を受けて、広見町の清家氏宅で過ごす。夕食を共にしたまごころ共同野菜の生産者は三〇名を越えていた。「全員が集まって下さった」と聞く。どなたもいい顔をしていた。夜二階へ上がっていくと、階段が傾いている。朝になってそのことを清家氏に聞くと、何気ない顔で「自分で建てたから」と返事が返ってきた。

宇和島と吉田を三月二〇日に後にする。大西正一ができるだけ減らした荷物を小型トラックで運んでくれた。野菜仲間の宮本俊二に積めなかった分は届けてもらう。

註

（1）山本文義氏については、「職は人なり」塩野和夫『一人の人間に』七四―七七頁参照。

（2）「どた靴の詩《うた》」塩野和夫『問う私、問われている私』四―五頁参照。

（3）「人の心の宝物」塩野和夫『一人の人間に』六八―七一頁参照。

（4）塩野和夫『キリストにある真実を求めて――出会い・教会・人間像』三四頁参照。

第一〇章　今はしっかりと勉強することや!!

ゆったりと始めたかった

一九八九（平成元）年三月二〇日夕方、塩野まりの実家に着く。宇和島を先に出発していた大西正一は荷物を降ろし、一息つくと急いで帰って行った。夜、人間二人と猫二匹は塩野和夫の実家に移動する。塩野の家は二階建ての二棟に新築されていた。道路に面した母屋の一階には治療室と台所それに居間があり、イエス復活を描いた大きな絵が治療室の壁に掛けてあった。道路から奥になる離れの一階にはそろばん教室と台所、二階に和室二部屋があった。この二室は私たちのために準備されていた。とりあえずの住居に落ち着いた時、緊張していたトラとタマは声をかけてもボックスから出てこない。それで猫たちを置いたまま母屋の居間に出かけて団欒のひと時を楽しみ、部屋に戻って驚いた。留守にしていたのは一時間足らずである。その間に襖障子すべてが破られていた。トラとタマの仕業に違いない。やむをえず障子紙の残骸を取り去り、散らかされていた紙きれも掃除した。これが枚方における最初の仕事となる。

　荷物の整理も終わらないうちに訪ねたのは、同志社大学神学部の土肥昭夫教授である。かねてより宇和島での仕事を終えたら、しばらく研究活動に従事するつもりでいた。大津教会、宇和島信愛教会・伊予吉田教会で働いた一〇年間に臨時収入のすべてを貯金に回していたのはそのためである。研究対象として当初、イギリスの神学者P・T・フォーサイス（Peter Taylor Forsyth, 一八四八―一九二一）を考えていた。高倉徳太郎に影響を与えたフォーサイスは堅実な研究業績を残している。そのために「学ぶべき何かがある」と思われた。ところが、宇和島における経験はフォーサイス研究の構想を打ち砕いていた。「つぶされてしまったままでは本当の自分を生きることはできない」という直感が何を意味するのかは知りようもなかった。しかし、どこよりもまず神学館四階に土肥昭夫先生を訪ねたのはこ

昼寝をするトラとタマ（1990 年当時）

の動機による。突然の訪問にもかかわらず、先生は研究室におられてにこやかに迎えて下さる。挨拶もそこそこに土肥先生は二つのアドバイスを提案された。「啓明館三階にある人文科学研究所の事務室を訪ね、キリスト教社会問題研究会（以下、「ＣＳ」と略記する）に研究協力者として登録すること」と、「ラトガース大学の大林浩先生が来年度トレルチを教えられるので、ぜひ聴講するようにという勧め」である。研究室を失礼すると、真っ直ぐに啓明館三階へ向かう。その間に土肥先生が連絡されていたので、事務室には研究所教員の吉田亮先生が待機していた。彼は神学部の後輩でもあるので、吉田研究室で打ち解けて話し合えた。その上、年度末にもかかわらずＣＳの研究協力者として登録してもらえた。当時ＣＳには四つの研究班が活動していた。そのうち三つの班に加わることもできた。「キリスト教と日本社会の研究」（研究会は第一金曜日）、「近代天皇制とキリスト教の研究」（研究会は第二金曜日）、「日本におけるアメリカン・ボード宣教師文書の研究」（研究会は第四金曜日）の三班である。

教会は豊中教会（村山盛敦牧師）に転会した。これには少し説明を要する。日本キリスト教団では教師の籍を教区に置くからである。ところで、かつての日本組合基督教会は教師も教会に籍を置いた。そのために組合教会の伝統を重んじる教会は現在でも教師の籍を教区と教会の双方に置いている。豊中教会はメソジスト教会の流れに立つ。しかし、村山牧師は本人が希望すれば教師の教会籍を認めた。そこで、塩野和夫牧師に対しても宇和島信愛教会から豊中教会への転入会式が行われた。ただし「当面は研究活動に従事する」ので、教会における立場は自由とされた。それに対して、塩野まりは教会学校とオルガニストの負担を求められる。豊中教会には幼稚園入園前の幼児を対象とするナースリーと呼ばれる分級があった。彼女は藤井千夏と二人でナースリーを担当する。改築される前の豊中教会会堂には会衆席の後方に聖歌隊用の二階席があり、その前方にクロダトーンを置いていた。オルガニストとの交流を楽しみながら、塩野まりはオルガンの練習に打ち込んでいた。

四月に有澤総合病院で診察を受ける。「どこかが悪い」という自覚はなかった。しかし、「宇和島でのストレスが体に影響していないはずはない」。それで体のチェックをしておく必要を感じた。都ヶ丘町から府道一四四号線を一〇分程枚方市駅方面に向けて歩くと、左側に病院はあった。受付で「山村先生の診察を希望する」と申し込むと、直ぐに診察室へ案内された。彼は弟のテニス仲間で、事前に連絡が入っていた。初対面の山村先生に「こんな医者もいたのか」と驚かされる。真黒な顔に真っ白な歯が目立っていた。身体の動きも敏捷で、テニスコートに立っているかのようだ。しばらくあいさつを交わすと血液と尿の検査を求められる。一時間くらいしてから診察室に戻ると、山村医師の表情が変わっていた。

山村医師　血液検査と尿検査の結果が出てきました。

塩　野　どうでしたか。

山村医師　どこかに病気が見つかったというわけではありません。しかし、……。

山村医師の診察を受ける（1989年4月）

塩　野　しかし、……。どうなのでしょうか?

山村医師　いろいろな値がボーダーラインを示しています。もう少し宇和島に留まって居られたら、間違いなく病気を発症していたと思われます。

塩　野　そういうことですか。それでは、どうすれば良いのでしょうか。

山村医師　丁寧な検査が必要です。

塩　野　分かりました。よろしくお願いします。

山村医師　検査は通院でも可能です。けれども通院だとかえって面倒ですので、一週間程度の検査入院をお勧めします。五月の連休明けにでも入院されたらいいと思います。

一九八九年度が始まった時点では、「ゆったりと研究活動を始める」つもりだった。健康上の問題が理由の一つである。山村医師から「丁寧な検査が必要です」と指摘を受けていたので、五月上旬に結局一〇日間の検査入院をした。その後も毎月検査を行い、いろいろな値が落ち着いてきたのは秋になってからである。ただしその時点でも潜血と尿蛋白の値、つまり腎臓に関しては問題を残していた。だが、「ゆったりと始めたかった」もう一つの理由がある。研究上はこちらが本質的だった。「宇和島でつぶされた現実を克服しなければならない」という研究にかけた実存的課題は明らかだった。それに対して、「何を研究課題とするのか」は漠然としている。だから、中心的な課題を明確にするためにもゆったりと始めたかった。ところが、研究活動そのものが「ゆったりと始めたい」希望を許さなかった。受講したのは大学院における土肥ゼミ一クラス、大林先生の講義一クラス、それと月三回のＣＳ研究会だけである。けれども、それぞれに研究発表を求められた。そのため中心となる研究課題を曖昧にしたままで、個別の研究活動に没頭せざるをえなかった。

礼拝堂に響くオルガンの演奏

研究活動に取り組み始めていた五月下旬である。たまたまその日は研究仲間と京都御苑の東側にある洛陽教会に立ち寄り、会堂で議論を続けていた。その時に野本ゼミの後輩でもあるIから「塩野さんを見ていると、大学院の後期課程に入って研究活動をされた方がいいと思います」と指摘を受けた。実存的な課題に対する意識が強かったために、大学院後期課程への入学を考えていなかった。しかし、I君の指摘は的を射ていた。後期課程に入学すれば、研究活動に必要な立場が備わるからである。数日で大学院後期課程への受験を決めたので、夏休みに入ると入試に必要な準備を始める。過去問を取り寄せてみたところ、英語には何の問題もなかった。宇和島で八年間、毎週英語の注解書に取り組んでいたために違いない。問題はドイツ語だった。かつて修士課程で野本先生から徹底して鍛えられていたにもかかわらずである。それでもドイツ語文献を読んでいるとよみがえってくるものがある。少なくとも文法は理解できた。そこで、大林先生から学んでいたトレルチの主著 *Die Soziallehren der christrichen Kirchen und Gruppen* を読み続けることにする。試験会場で求められるレポートに関しては準備の必要を感じなかった。

後期に入ると、梅花女子大学宗教部から講師の依頼を受けた。新たに企画された集会は主体的な参加を期待していて、メッセージを聞く礼拝的な性格に加えて意見を語りあう研究会的要素を備えていた。そこで参加者への便宜を図るため、レジュメを準備して集会に臨む。

第一回　一〇月　宗教部室
「ヤコブの旅立ち――青春と自立の軌跡をたどる」（創世記二八章一〇―一七節）
第二回　一〇月三〇日　宗教部室
「み衣のふさ――生きる望みに乾いた女は」（マルコ五章二五―三四節）
第三回　一一月一日　宗教部室
「デブライムの娘ゴメル――愛を考える」（ホセア一章二―三節、三章一―三節）
第四回　一一月二七日　宗教部室

「夕暮れの道で――復活を体験した人々」（ルカ二四章一三―三二節）
第五回　一二月九日　宗教部室
「東から来た博士――求める心とは何か」（マタイ二章一〇―一二節）
第六回　一二月一九日　澤山記念館チャペル
クリスマス礼拝「命の主キリスト」（ルカ二章一―二〇節）

一年近く出席を続けていると、ＣＳの性格はおおよそ理解できた。研究会は啓明館三階の集会室で夕方五時半から二時間程度、二名の発表者によって行われた。前半の紹介報告に続き、後半は研究発表という場合が多かった。司会は田中真人先生で、毎回一五名程度の参加者だった。ところで、研究内容によって出席者や研究会の雰囲気に違いがある。第一週の「キリスト教と日本社会の研究」班は同志社の関係者が中心で、第四週の「日本におけるアメリカン・ボード宣教師文書の研究」班は神戸女学院・梅花学園・同志社などアメリカン・ボード関連の学校関係者が多かった。それに対して第二週の「近代天皇制とキリスト教の研究」班は広範な参加者から構成され、空気が引き締まっていた。興味深かったのは、土肥・竹中・深田など神学部教員が見せた表情である。神学部では教師として振る舞っている彼らが、CSでは一研究者としての顔に変わっていた。最初に発表したのは、「(史料調査) 一九一〇年代の『基督教世界』における天皇制関連記事」(一九九〇年一月一二日) である。(1)

塩野まりは豊中教会におけるナースリーとオルガニストの奉仕に加えて、同志社大学で大林浩先生と樋口和彦先生の講義への聴講を始めていた。その上、実家の母から手伝いを求められる。パーキンソン病を患って一〇年になる父の体が不自由になり、昼も夜も世話を必要とした。そこで週の半ばは枚方にいて、半ばは豊中へ出かけ、それぞれの母を助けた。それでも大学における聴講と教会の奉仕を続けていたが、次第にオルガン演奏に魅かれていく。塩野まりが豊中教会で練習したのはいつも夕方で、礼拝堂には誰もいなかった。一二月に入りクリスマス曲を練習していた時も、「タ、ター、タ、ター、タ、タ、タ、タ、ター、……」とオルガンの音だけが会堂に響き渡っている。クリスマスの豊かさに満たされるひと時だった。

暗闇の礼拝堂に響くオルガンの演奏　奏者塩野まり（1989年12月）

思いがけない変化

一九九〇（平成二）年四月、同志社大学大学院神学研究科後期課程に入学し、土肥昭夫先生の下で論文執筆に取り組むことになる。ゼミの同級生には村上みか（現在、同志社大学神学部教員）、修士課程の二年生に宮平望（現在、西南学院大学国際文化学部教員）、高島祐一郎がいた。土肥先生から入学に際して受けたアドバイスが二つある。

大林浩先生がもう一年同志社で教えられることになった。得難い機会なので、引き続き先生からトレルチを学ぶように……。それから、後期課程なので学会に入ったらええやろ。日本キリスト教史学会を勧める。ええか、学会というものはな、……発表するために入るんやで。

大学院に籍を置いたころから研究姿勢に変化が生じていた。研究機関や内容は変わらない。けれども、研究に取り組む姿勢に明らかな違いがある。それは自覚的な意識から生じていた。過ぎ去った一年間は無我夢中で自分を振り返る余裕などなかった。ところが、研究者としての立場を得て精神的な余裕が生じたせいであろう。自分の置かれている場を観察し、気づかされた事実もあった。まず、大学院における研究活動のきつさである。大学院生の多くは二〇歳代の青年で、それぞれの課題に向かってエネルギッシュに取り組んでいた。そんな中にあって入学時に三七歳の私は、一〇年間も研究の場を離れていた。ゼミ仲間と同じペースで取り組めるはずがない。大学院ではゼミ仲間に刺激されながら、自分のペースで研究活動に取り組むしかなかった。キリスト教史学会第四一回大会（九月一一日―一三日）が関西学院大学千刈セミナーハウスで開かれた。大会の二日目に「日本組合基督教会史の研究方法に関する一考察――Ｅ・トレルチの歴史的思惟と共同体諸概念を手がかりとして」と題し、一八枚の原稿を準備して研究発表した。(2) 大林浩先生に指導いただいたトレルチに関する研究成果である。土肥ゼミにおける成果としては日本組合基督教会史の先行研究に一応の見通しをつけていた。(3) CSにおいては大学院のようなきつさを感じることはなかった。しかし、研究内容の質が問われた。出席者はいずれも第一線で活躍中の研究者だった。そのような場に参加する以上、学問的レベルを備えた発表をしなければならない。研究者として鍛えられた。「キリスト教と日本社会の研究」班では「(研究)『日本組合教会便覧』の統計資料の分析とその解明(一)」(一九九〇年四月六日)を発表した。(4)『『基督教世界』における天皇制関連記事」班では、「(史料調査)一九二〇年代の『基督教世界』における天皇制関連記事」(九月一四日)を研究発表した。

思いがけない変化が春に二つあった。一つは豊中への転居である。塩野まりは枚方と豊中を行き来していたが、必要とされているのは明らかに豊中だった。しゅうとは隣地にある平屋のプレハブ住宅(「カテージ」と呼んでいた)を購入していた。四月にこのカテージへ引っ越す。豊中ではなるべく妻の両親と四人で夕食を摂った。食事中、「仕事で世界の九五か国を回った」しゅうとは不自由な体にもかかわらず多弁だった。カンボジアで訪ねたアンコールワットの印象、パキスタンなどイスラム教国の人たちとの付き合い、ナイジェリアやケニアなどアフリカ大陸の雄大な自然、中南米諸国で食べたバナナの話など、話題は尽きなかった。

もう一つは西宮キリスト教センター教会（以下、「センター教会」と略記する。現在の西宮門戸教会）への就職である。「日曜日だけでいいから」を条件として提示されたので、六月中旬から主任担任教師を引き受けた。礼拝出席者は二〇名程で、教会教育主事（以下、「DCE」と記す）として高寺幸子がいた。会員にも神戸女学院や聖和大学の関係者が多く、それぞれに個性豊かだった。センター教会へは阪急電車を使って通う。阪急西宮北口駅で今津線に乗り換え、宝塚方面最初の門戸厄神駅で下車すると五分で教会に着いた。設立時の祈り「キリスト教精神に基づく地域活動の拠点となる教会形成」が、「キリスト教センター教会」という名称に込められていた。着任時のあわただしさが一段落すると、出エジプト記による講解主題説教を試みた。

六月一七日　「転換期を生きる」（出エジプト一章一―二二節、ルカ二章二五―三五節）

六月二四日　「モーセの青春」（出エジプト二章一―二五節、マルコ一〇章一七―二二節）

七月　一日　「聖なる神が聞かれた」（出エジプト三章一―二二節、ルカ五章一―一一

節）

七月　八日「神の杖をとり」（出エジプト四章一―三一節、使徒言行録九章一―九節）

六月二四日の礼拝における就任式では教会の在り方に共感性をにじませながら、「西宮キリスト教センター教会という看板を掲げた教会に神の導きを感じる」と就任の辞を始めた。生徒一人ひとりの可能性を重んじるＤＣＥ高寺幸子の柔軟な対応には新たな発見があった。教会音楽やキリスト教教育、社会福祉事業に打ち込む教会員との出会いも新鮮だった。そのような中に聖和大学の学生がいた。キリスト教教育学科の千坂邦彦は教会教育実習生として出席しながらも、将来の仕事に不安を感じていた。それに対して幼児教育学科の島津知代はいつも明るく、おおらかさと繊細さを併せ持っていた。秋になると、礼拝後に学生たちと教会近くのラーメン屋へ行く。教会学校夏期キャンプ（八月一日―二日）は成松伝道所と合同で、猪名川キャンプ場で行った。二五名の参加者がある。

聖和大学関係者から一〇月に「一一月から一九九〇年度後期の児童教育学科一年生の宗教学を担当してもらえないか」と依頼を受けた。講義は一一月からだから、準備する時間はほとんどない。ところがなぜかその時、「分かりました。引き受けましょう」と即答し

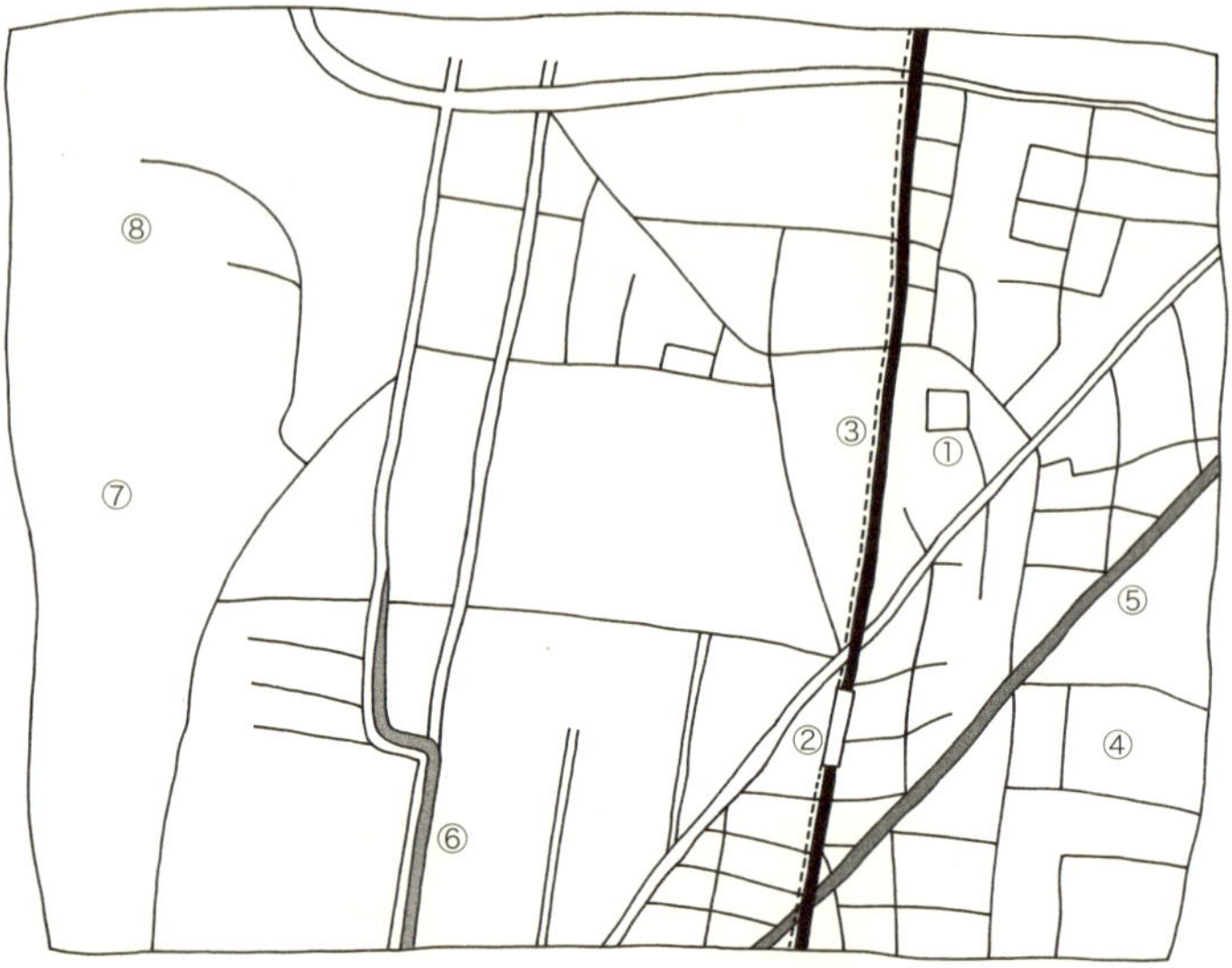

① 西宮キリスト教センター教会　② 門戸厄神駅　③ 阪急電鉄今津線　④ 西宮市立中央病院
⑤ 国道 171 号線　⑥ 津門川　⑦ 神戸女学院　⑧ 聖和大学

西宮キリスト教センター教会周辺図（1990 年当時）

た。頭の中に九回分の講義概要があったので、自信をもって引き受けることができた。聖和大学へは車で通勤した。豊中から国道一七一号線を走り、阪急電鉄今津線を越えてすぐの津門川沿いの道で右折する。五分程行くと聖和大学の駐車場があった。事務室に立ち寄り出席簿を受け取っていると、事務員から呼び止められて「この度は急な話で申し訳ありません。百名を越えるクラスで、講義中は少々うるさいかもしれません。よろしくお願いします」と言われた。二階にあった大きな教室に入ると、新しい教師のためか静まっている。学生は授業中も私語をすることなく、耳を傾けてくれている。快い疲れを覚えながら講義を終わると、駆け寄ってくる学生がいた。センター教会の島津である。にこやかに「先生、よろしくお願いします」と挨拶だけすると、彼女はすぐに走り去っていった。

お父ちゃんが悪い

神学館二階の図書室で調べ物をしていた一九九一年三月中旬である。昼過ぎに事務職員から「塩野さん、電話ですよ。こちらまでおいで下さい」と声をかけられた。思いがけない呼び出しに、「誰だろう」と思いながら受話器を取ると「お父ちゃんが悪い。入院することになった。急いで帰ってきてほしい」と母だった。涙声で一方的に話し続けると、ガチャンと切れた。電話だけでは父に何が起こっているのかよく分からない。ただ気になる事実があった。この数か月、父は痩せてきていた。治療をしている間も、「エイッ！」「エイッ！」と声だけは元気そうである。しかし、体力の伴っていないように思える時があった。それでも、「父が悪い」とは信じられなかった。いずれにしても急いで帰らなければならない。調べ物を片づけ、「自宅に急用ができました」と断って大学を後にした。同志社大学から京阪三条まで歩き、三条駅から枚方市駅は京阪電車に乗り、市駅から自宅までを歩くというコースで帰る。家に着いたのは午後三時半頃である。ところが、治療室から「エイッ！」「エイッ！」と父の声が響いていたので驚いた。

治療をしている隣の居間で、母から説明を受ける。

和夫　「お父ちゃんが悪い」って、どういうことや？

母　お父ちゃん、最近痩せてきてたやろ。

和夫　うん。それはそう思う。

母　心配やから、今朝有澤病院で山村先生に診てもらったんや。

和夫　どうやった？

母　そうしたら、「出血がある」そうや。それで、「体力が落ちてる」って言わはるんや。

和夫　そうか、……。そう言われたら、そんな感じしてたもんな。

母　「出血の原因は手術をしてみないと分からない」そうや。けれども、「体力がない

入院する父（1991年3月）

からすぐに手術はできひん」。

和夫　どうしたらいいのかな。

母　入院して体力をつけ、それから手術をするそうや。

夕方に治療を終えた父は書類の整理をした。それからタクシーを呼び、母に続いて乗り込もうとしたその瞬間である。私の方を振り返り、父は言葉をかみしめるようにして力強く言った。

和夫は何も心配することはない！
今はしっかり勉強することや!!

註

（1）塩野和夫「第二章　『基督教世界』（一九一〇―一九二九）」同志社大学人文科学研究所編『近代天皇制とキリスト教』五五―六九頁参照。

（2）「第二部　日本組合基督教会史研究の方法論」塩野和夫『日本組合基督教会史研究序説』一一九―一八八頁参照。

（3）「日本組合基督教会史の研究史」前掲書、九―一一八頁参照。

（4）塩野和夫『『日本組合教会便覧』の統計資料分析とその解明（一）」『キリスト教社会問題研究』第三九号、一九九一年、一六―五九頁、「第四部　日本組合基督教会統計の研究」塩野和夫、前掲書、二九五―三九八頁参照。

第一一章　『一人の人間に』出版

博士論文の核心

大学院博士課程に籍を置いて二年目となる一九九一（平成三）年度を迎えた。この頃になると研究活動は軌道に乗り、トレルチと組合教会の統計研究がほぼ完成していた。先行研究(1)の目途もついた。そこで、新たな研究への着手が課題となる。ところが、博士論文の核心となる研究内容に関しては何のアイデアも持ち合わせていなかった。そのような時に大きな仕事が舞い込んでくる。この年の春は塩野まりにとっても旅立ちの時となった。神戸松蔭女子大学の教会音楽コース（三年）に入り、本格的にオルガンを学び始めたからである。

センター教会の仕事も二年目に入る。その頃、塩野まり・島津知代が転入会し、谷田記

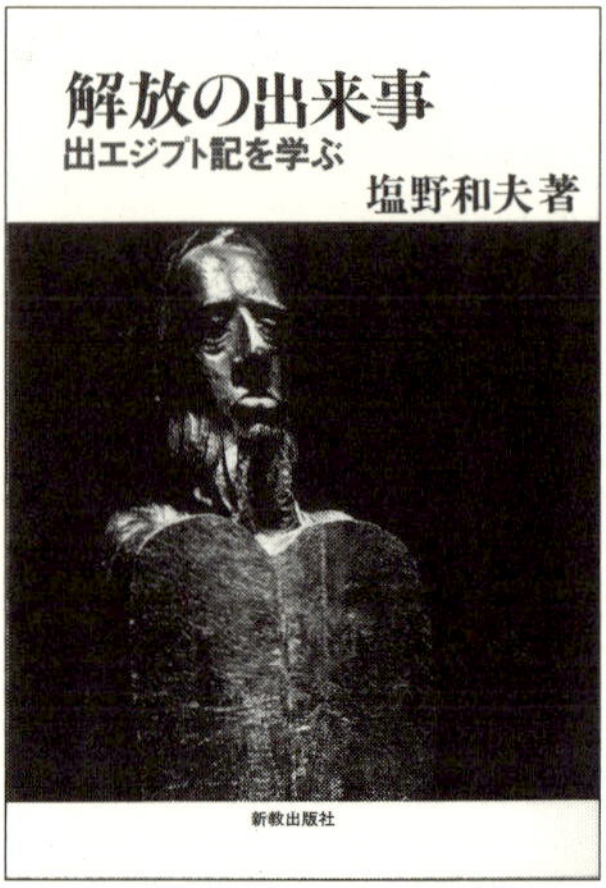

塩野和夫『解放の出来事――出エジプト記を学ぶ』(新教出版社、1991 年)

海子が現住会員に復帰している。提案されていた教会墓地建設の希望は、その後取り組んでいくことになる[2]。

聖和大学からは一九九一年度も「幼児教育学科一年生の宗教学を担当してほしい」と依頼があり引き受ける。テキストとして『解放の出来事――出エジプト記を学ぶ』を出版した。講義で前年度には気づいていなかった事実がある。講義内容は宇和島の家庭集会で何度も語っていた。だから、体験談を織り交ぜながら話す余裕がある。学生が静かに耳を傾けてくれた秘密は、「そこにあった」と思われる。彼らは講義に対する感想や意見を率直に聞かせてくれた。それだけでなく、個人的な悩みについても相談を受けるようになっていた。

入院して二週間程経った四月一日に父は手術をした。手術室へ見送ると、家族は控室で待機していた。誰も何も言わない重苦しい時間が経過していく。二時間は経っていただろうか、病院関係者から促されて「手術について説明しますので、どなたか、手術室へおいで下さい」と言われた。関係者が母を意識しているのは明らかだった。しかし、彼女は拒否して「お父ちゃんの手術しているところを見るなんて、怖いわ。和夫、あんたが代わりに行って、後で説明してえや」と言った。それで私が行くことになる。指示された通り、頭巾をかぶりマスクをつけ手袋をはめて、手術室に入った。手術台には腹部を大きく開腹した父が眠っている。執刀医から手際よく説明を受けた。

執刀医　お父さんは胃癌でした。

和　夫　そうでしたか。

執刀医　しかもかなり進んでいて、大動脈への転移も認められます。

和　夫　そうなんですね。

執刀医　このままだと後一か月の命です。しかし、抗癌剤をしっかり腹部に入れていますので、ある程度は効いてくれると思います。その間、食事が胃を通りやすいように整えておきます。

和　夫　よろしくお願いします。

執刀医　ご家族には今お話ししたように説明します。しかし、ご本人には「胃潰瘍だった」と話しておきます。それでよろしいでしょうか。

手術を終え二週間程で退院すると、父は仕事を再開した。退院を待ちかねていた人たちで治療室はにぎわっている。朝から夕方まで響き渡る「エィ！」「エィ！」と気合を込めた声を聞きながら、「父のために何ができるんだろうか」と考え続けていた。

開拓者

土肥昭夫研究室には学外の訪問客が度々あった。日本図書センターとの共同作業も、一九九〇年春には打ち合わせを始めていたと思う。概要のまとまった一九九一年春、関係者を集めて会議が開かれた。作業内容を説明したのは土肥先生である。

同志社大学人文科学研究所と日本図書センターで取り組む今回の企画には、大別して二つの仕事がある。一つは全国に散在しているキリスト教系新聞を集めてマイクロフィルムを作る仕事である。こちらは日本図書センターで担当していただく。集められた資料のうち、長老派・組合派・メソジスト派の新聞について詳細な目次を作成して読者への便宜を図る。こちらをＣＳ関係者で担当したい。

日本図書センター社長は経営的側面から興味深い説明をされた。

今回の事業では、まずキリスト教新聞のマイクロフィルムを作成します。目次を記した『キリスト教新聞記事集成』が出来上がるのはそれから数年後だと思われます。はっきり言って、マイクロフィルムだけでも『キリスト教新聞記事集成』だけでも赤字が予想されます。しかし、両者による相乗効果で事業として成り立つと見ています。

説明の後、仕事内容やスケジュールについて打ち合わせを行う。それから担当者を決めた。塩野和夫は組合系新聞の責任者とされ、土肥淳子が協力下さることになる。センター教会における出エジプト記の主題講解説教は五月一二日に終えたので、レビ記に入る。

五月二六日「立ち止まって」（レビ一章一―一七節、ヨハネ一四章一―七節）
六月　二日「神への贈り物」（レビ二章一―一六節、ルカ二一章一―四節）
六月一六日「主を喜ぶ」（レビ三章一―一七節、ネヘミヤ八章九―一二節）
六月二三日「彼は赦される」（レビ四章二七―三五節、マルコ二章一―一二節）

教会学校の夏期キャンプ（七月三一日―八月一日）は東灘教会・成松伝道所と合同で塩瀬にある尼崎教会山の家で行う。キャンプでセンター教会の生徒が他教会の子どもたちと打ち解けて交流していた。そこで、「来年の夏期キャンプも合同して行おう」と話し合って解散する。千坂はセンター教会の特別実習生として八月二五日から九月一五日まで訓練を受けた。島津は九月上旬にハンセン病患者の施設で実施されたワークキャンプに参加している。九月には創立三〇周年記念事業の一環として『日本基督教団　西宮センター教会三〇年目の記録　一九八五・九―一九九〇・九』を出版した。詳細な年表によって教会の歩みを語っている。会員の見市公子が一二月三日に亡くなる。五日に前夜式、六日に告別式を甲東教会で執行した。(3)

せめてもの報い

「あと一か月の命です」と言われた父は、何事もなかったかのように仕事に打ち込んでいる。しかし、平穏な日々がいつまで続くのか、誰にも分からなかった。三か月か、半年か、それとも一年か？「いや、一年は抗癌剤の効果が続かない」と思われた。そうだとしたら、およそ半年の間に「父のために何かをしておきたい」。しかし、私にできるのはどのようなことなのか。結論として、「私の半生を明らかにすることこそせめてもの報いに違いない」という考えに至る。しかし、改めて書き起こす時間はない。そこで書き溜めてきたものをまとめることを思いつく。こうして、『一人の人間に』の出版に至った。幸いなことに出版時に元気だった父に誰よりもまずプレゼントできた。「あとがき」によると、その内容は次の通りである。(4)

収録されている作品の解説を簡単にしておきたい。

「第一部　一人の人間に」に収められている一三篇の作品は「この確かな生を」を除いて小冊子「一人の人間に」（一九七四年一〇月一〇日発行）に収録されている。

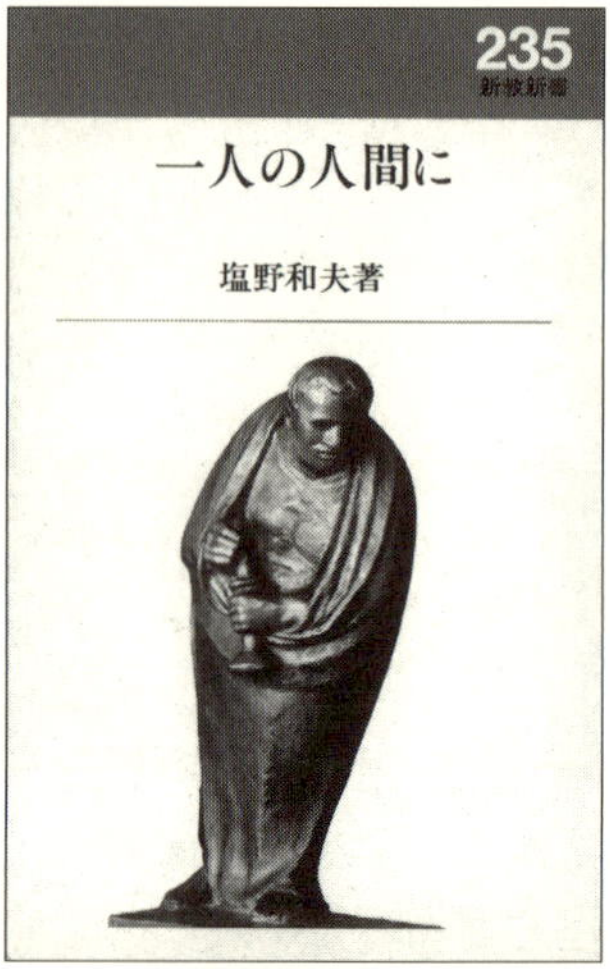

塩野和夫『一人の人間に』（新教出版社、1991 年 12 月）

その標題には当時の私の福音理解が端的に表現されている。すなわち、キリストの福音とは他者を見下ろす高みに私たちを立たせる力なのではなく、真実に一人の人間であることを生かしめる力だという理解である。

「第二部　続　一人の人間に」に収められている一五篇の作品は、「たこ焼き屋のおばちゃん」、「人の心の宝物」、「清掃の心」、「職は人なり」、「父のこと」を除いて、小冊子「続　一人の人間に」（一九八五年一〇月一日発行）に収録されている。その題材は「父のこと」、「母のこと」を初め、幼少より強い影響を受けた柴田勝正氏を扱った「幸せな人」、初めて聖書を共に学んだ「たこ焼き屋のおばちゃん」から著者が三〇歳代半ばまで在任した宇和島で出会った人たちにまで及んでいる。

「第三部　わたしたちのオアシス」は小冊子「わたしたちのオアシス」（一九八六年一一月二三日発行）に収められている一五篇の小説教をほぼそのまま記載している。

礼拝説教や家庭集会でも丁寧な原稿を準備するのが私の常であった。ところが、この小冊子に収録されている小説教はほとんど準備することもなく語ったものを参加者の方々がテープ起こしして下さったものである。そもそもこの集会は取り返しのつかない悲しみの前に座り、言葉にならない言葉で共に祈ることから始められた。そのためでもあろうか、内容に一貫性が欠けたり繰り返しがある中にも、語らせられることによって励まされてきた小説教であった。

センター教会のクリスマスシーズンは充実した日々として過ぎて行った。教会学校クリスマス礼拝（一二月二二日朝九時）は島津知代が説教を担当した。終ってからクリスマスツリーの飾り付けをし、子どもたちへのプレゼントを配る。礼拝（朝一〇時一五分）では「ただ神によって生まれた」（創世記三章八―一三節、ヨハネ一章一―一三節）を説教した。礼拝後は準備の行き届いた愛餐会である。二三日には教会学校クリスマス祝会「第一部礼拝（説教、千坂邦彦）　第二部　昼食会（みんなで焼きそばを作っていただく）　第三部祝会（渡辺宗男のサンタクロース登場に盛り上がる）」を楽しんだ。二四日のクリスマス夕べの集いにおいては、「与える幸い」（レビ二一章二六―三三節、使徒言行録二〇章一七一三七節）と題して説教する。元旦祝福祈祷（一九九二年一月一日朝一〇時）の来会者には、個別にメッセージ「希望」（一ヨハネ三章一六節）を語り祝福祈祷をした。

それにもかかわらず、クリスマスの時期には漠然とした不安を抱えていた。不安の一つは研究活動の展望に関してである。春以来、研究時間のほとんどを使って『キリスト教新聞記事総覧』で担当する『基督教世界』の目次作成にかかっていた。クリスマス当時には一九〇三年から一九一〇年までを完成していた。[5] 目次作成に時間を費やした理由は二つある。『基督教世界』誌を読みながら打ち込む作業に時間を要したのが第一である。第二に「タイトルのない記事の目次」や「広告に対する目次」に関して新たな合意ができると、読み直しを求められたためである。

目次作成作業と取り組みながら、一九九一年度も研究発表は続けていた。土肥ゼミの研究成果としてはキリスト教史学会第四二回大会（一九九一年九月二〇日―二一日、フェリス女学院大学）で、「日本組合基督教会の教会法研究」を発表した。『基督教研究』誌にも教会法関連の論文を二本寄稿した。[6] CSでは、第一研究班で「(研究)『日本組合基督教会便覧』の統計資料分析とその解明（二）」（四月五日）を発表した。[7] 第四研究班では「(研究) ラーネッド書簡――一八九〇年」（一〇月二五日）を研究発表した。ただし一連の発表は従来の研究成果に依拠するもので、新たな展望は持ち合わせていなかった。

父の病床洗礼

もう一つの不安が一九九二年一月末に現実のこととなる。父塩野元治郎が有澤病院に生涯の最期を迎えるであろう入院をした。ただし、今回の入院についても本人にはあくまでも「胃潰瘍悪化のため」と説明されていた。お見舞いに来られた方々の花で病室は埋められていく。壁に目をやると、父の視線の方向にイエス昇天を描いた絵（治療室の壁に掛けられていた）があり、ベッドの柵にはロザリオが巻き付けられている。絵の中で天上へと上って行くイエスの視線は父に向けられているようであり、「一人になると父はロザリオを手に祈っているのだろうか」と思わされた。いずれにしても病室は宗教的な雰囲気に満たされていた。看病には母が時間の許す限り詰めていた。私と弟は交互に病室を訪ねて母を助ける。妹の山中裕子は出産を控えた身重の体で、看病はできなかった。二月に入り、母が病室を離れたわずかな時間に父が話しかけてきた。

父　なあ、和夫。お父ちゃん、本当に胃潰瘍やろか？
和夫　お医者さんが言うたはるさかい、間違いないやろ。春になったら元気になって退院できる。そうしたら、たくさんの患者さんが待ったはるで！
父　お父ちゃんな、この頃しきりと仲間のことを思い出すんや。軍人恩給で集まっている友達や治療の研究会で講師をしている先生方や。
和夫　ふ～ん。みんな、お父ちゃんのこと、当てにしたはるさかいな。
父　その仲間もほとんどが向こうの世界へ行ってしもた。ぼつぼつお父ちゃんの番に違いない。
和夫　……。
父　それでな、和夫に頼みがある。お父ちゃんな、キリスト教の洗礼を受けたいんや。受けさせてもらえへんかな？
和夫　分かった。センター教会の役員会に諮って、ここで洗礼を受けられるようにしてもらう。任せといて、お父ちゃん！

センター教会では千坂邦彦が一九九二年一月二六日で実習を終了し、四月から北陸学院中高科に就職して聖書科を担当した。千坂に代わって二月から会堂清掃を担当したのは島津知代である。塩野元治郎の洗礼志願は三月一日の役員会で諮られ、病床洗礼が承認された。なお、センター教会におけるレビ記による説教は二月一六日で終了し、二月二三日から民数記による講解主題説教を始めた。

二月二三日　「民を数える」（民数記一章一―一九節、マタイ一〇章一―四節）
三月　一日　「神の共同体」（民数記二章一―一九節、使徒言行録一章一五―二六節）
三月一五日　「大祭司イエス」（民数記三章一―一〇節、ヘブライ四章一四―一六節）
三月二二日　「人を生かす」（民数記四章一―一五節、使徒言行録一一章一九―二六節）

父塩野元治郎の病状が三月三日に急変する。夕方に病室を訪ねると、無意識でベッドに横たわり呼吸の苦しそうな父と、傍らに疲れ切った母が座っていた。仕事を終えた弟が来たので、母を促して言う。

和夫　お母ちゃん、今日は大変やったから疲れたやろ。清が来てくれたから、看病を代わってもらって帰ろ。
母　お父ちゃん、大丈夫かな？
和夫　お父ちゃんのことは心配ない。清がしっかり看病してくれるさかい、大丈夫や！
母　そうやな。清、お父ちゃんのこと、頼んだで！

有澤病院から自宅まで徒歩で一〇分程かかる。病院のある中宮東之町のはずれにかつて養鶏場があった。お使いに行くと、新聞紙に一〇個ずつ卵を包んでくれる。ていねいな仕草を見ているのが好きだった。ところが、周辺に住宅が建ち始めると少しずつ縮小し、建物を残して鶏はいなくなった。ちょうど養鶏場跡を通り都ヶ丘町に入ろうとしていた時である。突然、母が話しかけてきた。(8)

母　なあ、和夫。今日、変なことがあったんや。
和夫　今日はお父ちゃんの具合が悪くなって、大変やったからな。
母　それでな、「お父ちゃん、もう何も分からへんのやろか？」なんて、考えてしもた。

和夫　お母ちゃんも疲れが溜まってるさかいな。

母　そんなこと考えてたら、さみしくて、さみしくて……。それでな、なんでか分からへんけど、お父ちゃんの耳元で聞いてたんや。

お父ちゃんは、お母ちゃんが好きか？

お父ちゃんは、お母ちゃんが好きか？

疲れてたんやと思う。

病院からの帰り道に、母から聞いた話（1992年3月）

和夫　へえー、そんなことがあったんか。

母　そうしたらな、お父ちゃん。やせ細った手を、それも両手を、声がした方に伸ばしてきて、そうしてお父ちゃん、両手でしばらくお母ちゃんのほほをなでて、こう言ったんや！

和夫　なんて言うたんや？

母　お母ちゃん、大好きや‼
　松の木小唄や！

塩野元治郎の洗礼式は、病院の了解を得て家族全員が揃う三月四日の夜に行う。この日も一日中昏睡状態が続いており、父は苦しそうだった。目は閉じたままなので、聞こえているのかいないのか、誰にも分からなかった。もしものことが起こってはいけないので、洗礼式は「序詞・聖書・勧告・誓約」を省き、まず全員で讃美歌一九九番「わが君イエスよ」を斉唱した。それから少し大きな声で父に向って「塩野元治郎」と呼びかけ、「父と子と聖霊とのみ名によってバプテスマを授ける。アーメン！」と唱え、父の額に三度水を注いだ。厳粛な一瞬に深く垂れていた顔を上げると、母を初め家族みんなが驚きの声をあげた。

母　お父ちゃん、涙を流してる！

弟　お父ちゃん、分かってるんや！

妹　お父ちゃん、うれしいんやろな！

三月五日夜九時から念入りに父の顔と手を拭いた。拭きながらゆっくりと耳元で「お父ちゃん。天国にはな、痛みも苦しみも悲しみもないんやで。お父ちゃんには、天国が

病床洗礼を受ける塩野元治郎（1992年3月）

待ってる。だから、何も心配することはない！」と語りかける。語りかけたその時だけ、不思議と父は目を開けていた。その目は安らかそのもののように見えた。そして、ベッドから離れようとする私に向かって、父は何度も「ありがとう！　ありがとう！　ありがとう！」と言った。これが父から聞いた最後の言葉となる。

三月六日午前六時三九分、塩野元治郎は家族に見守られながら地上の生涯を終えた。自宅で仏式によって営まれた告別式（三月七日午後）には、ご近所・治療の関係者・かつての仕事仲間など多くの人が集まって下さった。棺が自宅を出発する際に母から指名されて行った挨拶の結びは、父の手帳に記されていた言葉で締めくくる。

最後になりましたが、父は昨年の年頭の言葉として「感謝」という言葉を手帳に記していました。「多くの人が自分の所に来て下さることを感謝しなければならない。感謝の心を持って一人ひとりの人に接していかなければならない」と記しておりました。「感謝」という父の気持ちは今日、この告別式の場にお集まり下さいました皆様お一人おひとりへの父の真心であると思います。皆様のおかげで父はあのように豊かな生涯を送れたのだと感謝いたします。ありがとうございました。ありがとうございました。

註

（1）塩野和夫「日本組合基督教会史の研究史（一）」『基督教研究』第五四巻第一号、一九九二年一二月、八五―一〇四頁、塩野和夫「日本組合基督教会史の研究史（二）」『基督教研究』第五四巻第二号、一九九三年三月、一―四三頁参照。

（2）『教会墓地』建設の経緯および今後」『日本基督教団　西宮門戸教会　三五年目の記録一九九〇・九―一九九五・一二』一―六頁参照。

（3）「開拓者」塩野和夫『好きが一番』一〇五―一〇九頁、「人の子よ、帰れ」、前掲書一一〇―一一七頁参照。

（4）「あとがき」塩野和夫『一人の人間に』一五三―一五六頁参照。

（5）『基督教世界』の目次に関しては、塩野和夫『東京毎週新報』『基督教新聞』『東京毎週新誌』『基督教世界』解説」『キリスト教新聞記事総覧　第2巻』九―一六頁参照。

（6）塩野和夫「日本組合基督教会の教会法研究（一）」『基督教研究』第五三巻、第一号、一九九一年一二月、四三―八四頁、塩野和夫「日本組合基督教会の教会法研究（二）」『基督教研究』第五三巻、第二号、一九九二年三月、二九―五九頁参照。

（7）塩野和夫「『日本組合基督教会便覧』の統計資料分析とその解明（二）」『キリスト教社会問題研究』第四〇号、一九九二年、三七—九九頁参照。

（8）「はじめに」「好きが一番」「好きが一番・その理由」塩野和夫『好きが一番』三—四頁、一一—一六頁、六九—七二頁参照。

第一二章　よみがえる言葉の輝き

何とも奇妙な勧め

一九九二（平成四）年度に入って研究状況は著しく改善する。精神的には「博士論文の核心となる研究内容」に対するひらめきが大きかった。教会法や教会統計の研究によって歴史的な枠組みはできる。しかし、枠組みを検討する過程で、歴史をして歴史たらしめる具体性が失われていく。そこで、大林浩先生が繰り返し強調しておられた歴史的個体性を枠組みの中に位置づけなければならない。この作業によって歴史は再生される。(1)『基督教世界』の目次作成作業も、春以降順調に進む。作業内容の確定に加えて、大阪大学の大学院生だった一色哲（現在、帝京科学大学教員）の協力が大きい。いわば二人三脚で、「塩野が作成した目次を一色がチェックし、一色が作成した目次を塩野が確認する」方式で取り組んだ。すると夏までに一五年間分を終えていた。

センター教会にも思いがけない動きがある。関東にいた島津允宏（島津知代の兄）が関西へ来るので、「四月からセンター教会の二階に住まわせてほしい」と申し出た。島津の希望について四月一二日の役員会で協議し、「会堂二階に居住し、会堂管理を条件として賃料は無料とする」ことを承認する。彼はその週のうちに越してきたので、夜も明かりの灯る教会となった。

六月に土肥先生の指示により研究室へ行くと、「今年は東北地方にある大学と福岡にある西南学院大学から公募が出ている。東北の大学やったら、間違いなく行けるやろ。西南学院大学やったら、まずあかんやろ。しかし、塩野は西南学院大学に応募したらいい」と思いがけないアドバイスを受けた。西南学院大学の名前だけは知っていた。福岡も何回か通過していたが、下車したことはない。それに何とも奇妙な「西南学院大学やったら、まずあかんやろ。しかし、……」という土肥先生の助言である。理解できなかったが、指導教授の勧めにしたがって履歴書と研究成果の一切を段ボール箱に詰めて西南学院大学へ送った。

土肥昭夫先生のアドバイス（土肥研究室、1992年 6月）

学生の声を聴く

聖和大学から「一九九二年度も幼児教育学科の宗教学を担当してほしい」と要請があったので引き受ける。前期は『祝福したもう神――創世記に学ぶ』、後期は『解放の出来事――出エジプト記を学ぶ』をテキストにした。クラスでは学生の声を聴き、要望に応えるように努めた。彼らの声は参考になる。次のような意見があった。

一　経験談を話してほしい。

［返答］具体的に語りかけるために、経験談を交えるように努

める。

二　他宗教の立場を配慮し、カトリックや聖公会のことも話してほしい。

[返答]　大学の講義はキリスト教の押し付けではないので、神道や仏教を否定したり悪口を言うことはない。プロテスタントとカトリックや聖公会は歴史的経緯から分かれたが、基本的に同じキリスト教である。

三　授業への希望「黒板の字を大きくしてほしい」「省略しないで書いてほしい」「分かりやすく話してほしい」

[返答]　このような希望にはできる範囲で応えていく。

四　採点のこと「誤字・脱字は減点の対象となるのか」

[返答]　誤字・脱字を減点の対象にはしない。しかし印象が悪いので、分からない字は辞書を引いて確認すること。

五　点数を甘くしてほしい。

[返答]　平等に採点するので、特定の個人に甘くすることはない。

六　ご馳走してほしい。

[返答]　車に乗れる人数（二―四人）で自宅へ来てくれたら、一緒に食事しよう。

授業を終えると毎回講壇の前までやってくる学生がいて、彼らの話を聞く。一番多かったのは人間関係の悩み（恋愛や家族との関係）で、家の仕事と自分の将来に関する相談もあった。「学校になじめない」という悩みも受けた。

六月一七日、同志社香里中学校（当時はまだ男子校）にロングチャペル講師として招かれる。壇上から見ると二〇年前と同じ緊張感の無い雰囲気が充満していて、「母校に帰ってきた」と感じさせられた。「それでも生徒は聞いている」ので、「点数の魔力」（出エジプト二〇章四節）と題し熱く語りかけた。講話の結びは次の通りである。

最後に一人の先輩として申し上げたいのです。

みなさんは今、同志社香里中学校で学んでおられる。新島先生の教育理念をバックボーンに持つ学園で学んでおられる。これは尊いことです。ですからぜひこの場で点数の魔力を克服して、一人の人間としてふさわしい学びを修めていただきたい。真実の学問は根底に人間として生きることへの導きがあります。キリスト教教育の理念もみなさんを育てるための導きに他ならないのです。

チャペルを終えると、校長室へ招かれた。校長は高校一年生の数学を担当された秋山諒先生だった。先生から話し出される。

秋山先生　久しぶりですね、塩野君！

塩　野　お久しぶりです。一九七一年三月の卒業ですから、二一年ぶりになります。

秋山先生　ロングチャペルはいかがでしたか。

塩　野　雰囲気が私の頃と少しも変わっていません。懐かしかったです。

秋山先生　塩野君は大学院後期課程の最終学年だと聞いています。大学院を終えるとどうされるのですか。

塩　野　それが……、先の話はまだ何も決まっていないのです。

秋山先生　そうですか、……。なあ～に、何も心配することはないでしょう。今はしっかり博士論文を仕上げて下さい。

教会学校の夏期キャンプ（七月二九日―三〇日）は東灘教会・成松伝道所と合同で猪名川キャンプ場で行った。センター教会から一八名、全体では三九名の参加者がある。ところで、資料調査のため塩野まりと八月二五日から九月一〇日までボストンへ出張した。留守中の執務はDCEの高寺が引き受け、説教は飯謙氏（八月三〇日）と勝村弘也氏（九月六日）に担当していただいた。博士論文後の研究対象を考えていて、浮かび上がってきたのがアメリカン・ボード（American Board of Commissioners for Foreign Missions）である。一九七〇年代以降、近代日本のキリスト教史研究において海外とりわけアメリカ合衆国の伝道団体の史料が注目されていた。この点からアメリカン・ボードの宣教師文書に関心を持つ。さらに一九世紀における宣教活動を異文化交流として日本人の立場から研究するならば、「宗教・文化・近代史など様々な側面から可能性を開拓できるのではないか」と思われた。そこで調査場所を調べたところ、ボストンに集中していた。計画を実施するために、塩野まりが一切の準備（パスポートの取得、アンドーヴァー・ニュートン神学校における宿舎確保、切符の手配）をしてくれる。

つぶされたまま生きている人たちのためにも

八月二五日、コリアン航空で関西国際空港からインチョン（仁川）国際空港へ向かう。

空港で待ち時間があったので、タクシーを利用してソウルの街をめぐる。インチョンからニューヨークのケネディ国際空港まで一二時間はかかる。ニューヨークで小型飛行機に乗り換え、ボストンのローガン国際空港に到着したのは二七日昼過ぎだった。空港からタクシーでニュートンのアンドーヴァー・ニュートン神学校（Andover Newton Theological School）を目指す。ところが運転手が場所を知らなかったため、ニュートンで何度も人に尋ねてようやく神学校前に到着した。目指すフラー館（Fuller Hall）は丘の上にある。時差ボケの頭で坂道を登っていると、下の道から声をかけてくる人がいた。アンドーヴァー・ニュートン神学校で学ぶため、ヘリック住宅（Herrick House）に住み始めた若夫婦だった。夏期休暇中だったので、キャンパスは閑散としている。そんな中、何かとアドバイスしてくれたのが学生主事（Dean of Students）のサンディ（Sandy VanNess）である。

二八日から調査を始める。午前中はアンドーヴァー・ニュートン神学校にあるフランクリン・トラスク図書館（Franklin Trask Library）にこもって調べた。定期刊行物の *Year Book of Missions*（一九一七―一九五九、一九六〇―）、*The Missionary Herald*（一八二一―一九五一）、*Report*（一―一五〇）をはじめ、基本的な文献が揃っている。日本では見たことのない貴重な史料を丹念に調べた。(2) 午後になると週に三日はコングリゲーショナル図書館

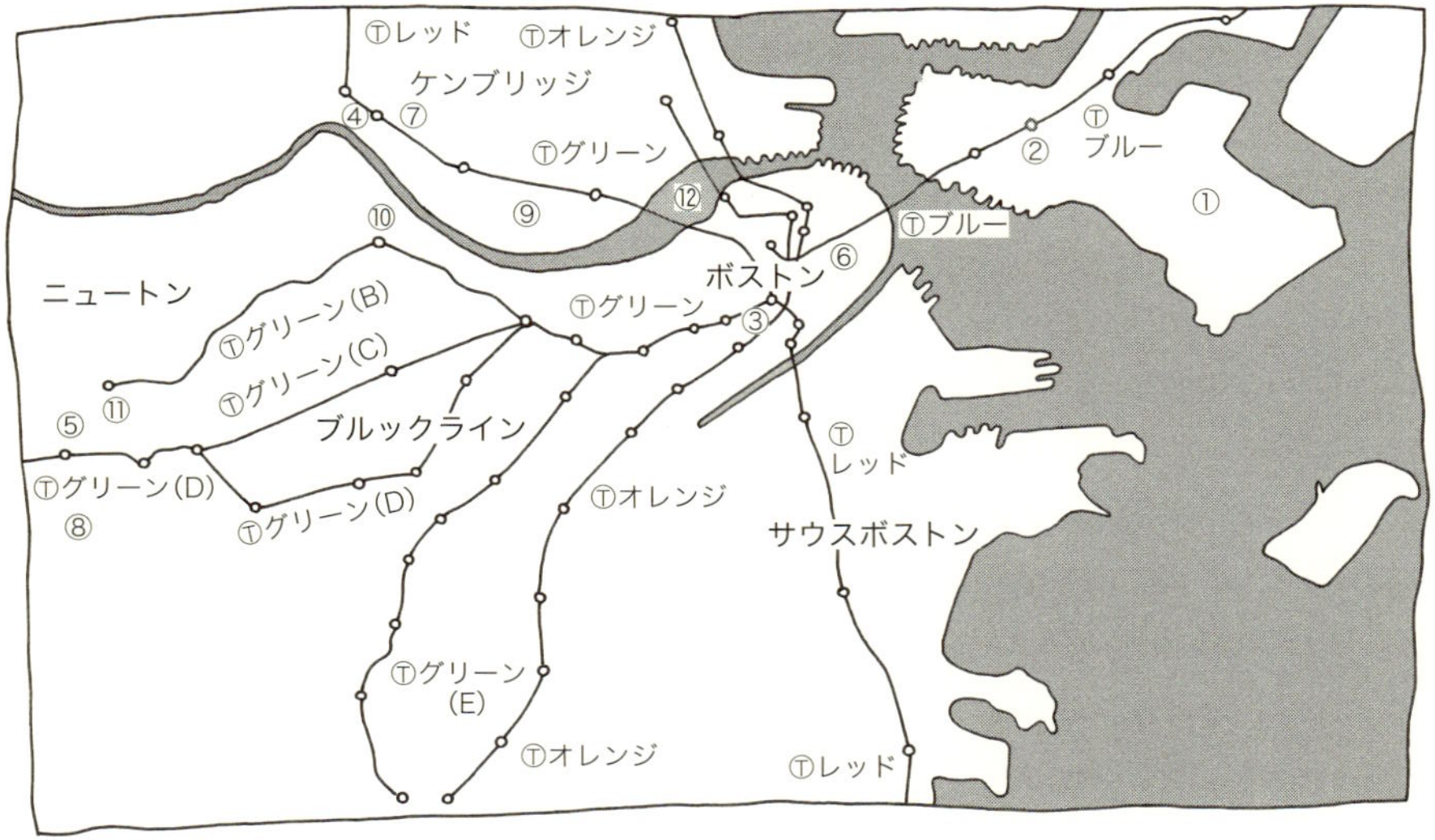

地下鉄
Ⓣブルー　ブルーライン
Ⓣオレンジ　オレンジライン
Ⓣレッド　レッドライン
Ⓣグリーン　グリーンライン
Ⓣグリーン（B）　グリーンラインB
Ⓣグリーン（C）　グリーンラインC
Ⓣグリーン（D）　グリーンラインD
Ⓣグリーン（E）　グリーンラインE

① ローガン国際空港　② ブルーライン空港駅　③ レッドライン・グリーンライン公園通り駅　④ レッドライン・ハーバード広場駅　⑤ グリーンライン・ニュートン中央駅　⑥ コングリゲーショナル図書館　⑦ ハーバード大学　⑧ アンドーヴァー・ニュートン神学大学　⑨ マサチューセッツ工科大学　⑩ ボストン大学（BU）　⑪ ボストンカレッジ（BC）　⑫ チャールズ川

1990年代のボストン近郊図

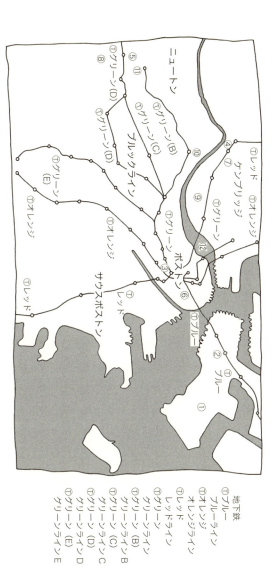

（Congregational Library）へ出かけた。[3] 地下鉄グリーンライン（D）のニュートン中央駅からボストン方面へ向かい、公園通り駅で下車する。地上に出るとボストン・コモン（Boston Common、公園）に沿って坂道を上り、突き当りを右折すると図書館はあった。図書司書のワースリー氏（Harrold Worthley）が親切だった。帰りにはニュートン中央駅内にあったカフェ、コーヒーコネクションでコーヒーとクッキーを求める。併せても二ドルでおつりが来た。週に三日、午後から出かけたもう一か所はハーバード大学のホートン図書館（Houghton Library）である。[4] 地下鉄の公園通り駅でグリーンラインからレッドラインに乗り換え、ハーバード広場駅で下車する。地上に上がるとカフェのオーボンパン（Au bon pain）がある。サンドイッチがおいしかった。ホートン図書館には宣教師文書が所蔵されていて、ラーネッドなど来日宣教師の文書をひたすらに読む。新島襄直筆の書簡を手にした時は、感激で手が震えた。一見すると乱雑にも見える新島の手紙は骨太で、「新島襄の性格が表れている」と思われた。日曜日にはニュートンハイランズ会衆派教会（Newton Highlands Congregational Church）へ出かける。礼拝後に用意されているコーヒーとクッキーをいただきながら、会員と談話するのが楽しみだった。

一九九四（平成六）年八月、ボストンに二度目の資料調査を実施する。この時の宿舎はアンドーヴァー・ニュートン神学校のケンダル館（Kendall Hall）だった。前回の調査で保管されている資料の概要は把握していた。そこで今回は主な調査場所をフランクリン・トラスク図書館にして、アメリカン・ボード史関連の文献を読み、必要に応じてコピーを取る。週に二日は午後にコングリゲーショナル図書館へ出かけた。ワースリーからアドバイスを受け、興味深い史料も見せていただく。土肥昭夫先生から依頼されていたので、週に一度はホートン図書館へ出かけ宣教師文書の模写をした。

夏期休暇中だったので、アンドーヴァー・ニュートン神学校のキャンパスは閑散としていた。それでも、何人かの学生と出会えた。その一人がスノー（Snow）で、「八〇歳代の彼は神学校における最高年齢者だ」と聞く。アンジェラ（Angela）は、キャンパスにいくつもの花壇を作っていた。それらは「アンジェラの花園」（Angela's Garden）と呼ばれていた。山口勇人と出会ったのもこの時である。彼は旧約聖書学を担当するフォンティン（Carole R. Fontaine）教授に傾倒していた。心理学を研究していた才藤千津子とも話し合う。彼女は「カウンセラーとしてアメリカで仕事をするか、日本に帰るか」を悩んでいた。私も素直に「宇和島でつぶされ、それを克服しないと本当には生きていけない現実が研究動機である」と自己紹介した。彼女は静かに耳を傾けていた。

才藤千津子のアドバイス（1994 年 8 月、アンドーヴァー・ニュートン神学校）

日本への帰国が迫っていた日だった。フランクリン・トラスク図書館での仕事を終えて宿舎に向かっていると、ケンダル館の前で偶然才藤に出会う。にこやかに「これからボストン市内へ買い物に行く」と声をかけてくれた彼女は、次の瞬間、表情を引き締めて語りかけてきた。

才藤　塩野さん、世の中につぶされた人はたくさんいるの、……。

塩野　そうなんですね。

才藤　でも、そのほとんどはつぶされたまま、悲しみを負って生きている。

塩野　分かる気がします。

才藤　だから、塩野さんはそんな人たちのためにも、つぶされた現実を克服して生きてほしい!!

塩野　「つぶされたまま生きている人たちのためにも……」ですね!!

感動で心を揺さぶる手紙

一九九二年秋である。春以来、組合教会史研究における「歴史的個体を枠組みの中に位置づける」ための対象を探し続けていた。ところが、どうしても見つからない。しかし、博士論文として体裁は整えておく必要がある。やむをえず、歴史的個体を入れるための枠組みを「結章　日本組合基督教会の時期区分」としてまとめた。結局、歴史的個体の特定は博士論文以降の宿題となる。(5)

対照的に『基督教世界』誌の目次作成は順調に進む。年末までに残っていた一七年間分を仕上げることができた。『キリスト教新聞記事総覧』(全一〇巻)は一九九六年に出版された。全集の第二巻から第四巻に日本組合基督教会の新聞『東京毎週新報』『基督教学会新聞』『東京毎週新誌』『基督教世界』の目次が収められている。なおキリスト教史学会第四三回大会（一九九二年九月一八日―一九日、ノートルダム清心女子大学）で「日本組合基督教会規約の一九〇四年抜本改正」と題して研究発表をした。[6] ボストンにおける調査結果は、ＣＳの「日本におけるアメリカン・ボード宣教師文書の研究」班で「（研究）ボストン調査報告」（一〇月二三日）とテーマを付けて発表している。[7]

センター教会は充実した秋を迎えていた。九月二〇日には盛谷典史・依子夫妻が子女を同伴して礼拝に出席された。そこで、礼拝後に盛谷依子に抱かれた子女をみんなで囲んで幼児祝福祈祷をする。充実したひと時だった。一〇月二五日には教会総会を開催し、懸案だった「教会墓地建設承認に関する件」の承認を得る。一一月一日の役員会で担当者として、岡田藤太郎執事（長）・渡辺宗男執事（建設事務）・ＤＣＥ高寺幸子（会計）を選任した。

クリスマスはあわただしく過ぎていった。クリスマス礼拝（一二月二〇日）では、「一人の人間に」（出エジプト三章一三―一四節、マタイ一章一八―二五節）と題して説教する。島津充宏がこの礼拝で洗礼を受けた。礼拝後には島津と神戸女学院に赴任されたアダムス女史（Susan Adams）を囲んで愛餐会を楽しむ。二三日午後一時からは教会学校クリスマス祝会で、ＤＣＥ高寺の指導により充実した時を持つ。一六名の子どもが参加した。二四日夜七時からクリスマスイブ燭火礼拝を行う。ろうそくの灯りが照らす会場で、「君は輝いているか」（ルカ二章八―二〇節）と語りかけた。三二名の参加者が集っていた。一九九三年一月一日には個々の来会者に祝福祈祷をした。まずメッセージ「風は思いのままに」（ヨハネ三章五―八節）を語り、それから名前をあげて新しい年における祝福を祈り求めた。

聖和大学では前期と後期に成績表の提出を求められた。二年半の間、評価対象は一貫していた。ただし、点数の配分に若干の変化が見られる。一九九二年度後期の評価は「(一)小論文風レポート二回（中間・期末）八〇点（四〇点×二回）(二)チャペルレポート二回一〇点（五点×二回）(三)出席点（欠席一回に付き二点減点）一〇点」である。一九九〇年度後期はチャペルレポートにコメントを付けて返却した。ただし、二回の小論文風レポートは、いくつかのポイントから総合的な評価を下すのが精一杯だった。それでも「学生たちはよく書いている」と強い印象を持つ。一九九一年度になると新たな印象が加わる。多くの学生は自己紹介や自らの経験、悩みをレポートに書いていた。それに講義後の教室や教会、自宅で直接話を聞く機会もある。そのためレポートの向こうに学生の顔を思い浮かべることができた。さらにこの年度には一年を通じて同じ学生を教えたので、「彼らは一年間のクラスを通して知的にも人間的にも確かな成長を遂げてくれている」と知らされた。

一九九二年一〇月上旬だった。講義が終わるのを待ちかねていたかのように、講壇の前に走り寄ってくる学生がいた。彼女は「地元の学生で、伊丹市から通学している」と知っていた。前期から度々相談を受けていたからである。毎回、数分か長くて五分間、話に耳を傾けた。内容は「両親と彼女の希望の違いから生じるジレンマ」だった。ところがその日、走り寄ってきた学生の表情は爽やかだった。彼女は講壇の前まで来ると、一通の手紙を差し出して言った。

女子学生　先生に相談してきた悩みが解決できました。これは先生へのお礼と報告の手紙です。ご覧下さい。

塩　野　よかったですね。お手紙は家に帰ってから、ゆっくり拝見します。

自宅に帰って封を開けると、出てきたのは鮮やかな花模様を施してある便箋だった。記

感謝と報告の手紙（1992 年 10 月、聖和大学）

されていた感謝と報告の言葉を読み返していると、深い感動が込み上げてきた。心を揺さぶられる中で、「学生たちはそれぞれに成長を示し、問題を乗り越えてくれた。彼らと共に成長し、彼らの課題を担っていく。それが教えるということだったんだ‼」と教育に関する直感がひらめく。

西南学院大学からは、一か月たっても二か月たっても連絡がなかった。ボストンへ出かける際にも、「もし調査期間中に連絡があり、対応できなかったら……」と一抹の不安があった。それで帰国するとまず妻の母に、「西南学院大学から何か連絡はありませんでしたか」と尋ねた。しかし、「何もなかったですよ」との返事である。応募してから三か月も経過しているのに何の連絡もない。「西南学院大学やったら、まずあかんやろ」という土肥先生の言葉が頭をかすめた。ところが、それから一〇日ほど経った九月下旬である。同志社大学の神学館前で橋本滋男先生から呼び止められた。

橋本先生　塩野君。

塩　　野　はい。

橋本先生　塩野君は「西南学院大学に応募している」と聞いていますが、先方から何か言ってきましたか。

塩　　野　何もありません。土肥先生から「西南学院大学やったら、まずあかんやろ」と言われていますので、「そういうことかな」と思っています。

橋本先生　それが先日、ある学会で西南学院大学の先生から根掘り葉掘り塩野君のことを聞かれたので、正直に答えておきました。

塩　　野　ありがとうございます。そんなことがあったのですか。

橋本先生　要するに、今回の人事で塩野君はまだ候補者の一人として残っているということです。

塩　野　分かりました。そういうことでしたら、引き続き西南学院大学からの連絡を待っています。ありがとうございました。

一〇月上旬のある日も午後八時を回り、風呂に入ったばかりの時だった。塩野まりが電話を取ったところ、国際文化部長斎藤末弘先生からだった。彼女は先方に対して「すみません。今、お風呂に入ったばかりですので」と断り、私に向かっては「あなた、西南学院からお電話ですよ。すぐに上がって下さい」と急かした。しばらくすると斎藤先生から再度電話があり、一〇月中旬に行う面接の日時と場所を知らせて下さった。指定された日に本館三階の国際文化部長室に向かうと、五人の先生方がおられた。斎藤末弘（部長）・堤啓次郎（学科主任）・八田正光（キリスト教学）・森泰男（キリスト教学）・大谷裕文（文化人類学）である。面接の冒頭で八田先生が今回の人事と塩野の略歴を紹介したうえで、「塩野先生の任用科目としてはキリスト教学に加えて宗教学を予定している」と説明された。森先生は『祝福したもう神――創世記に学ぶ』と『解放の出来事――出エジプト記を学ぶ』を取り上げ、「教会活動の中でこれらの著書をまとめられたことは評価できる。しかし、学問的には先行研究を初めとする文献を適切に位置づける必要がある」と注文された。大谷先生からは「宗教学はE・トレルチやM・ウエーバーなどの宗教社会学を中心に講義してほしい」と希望があった。最後に斎藤先生が人事に関する今後の予定について説明したうえで、「最終的には一二月に行われる理事会で決定される。決定され次第に連絡する」と結ばれた。一時間余りで面接を終えると、キリスト教学の教員三名（河野信子・八田正光・森泰男）が中華料理屋へ案内して下さった。その場での話題は、塩野まりの同席もあり、福岡で生活を始めるために必要なこと（銀行の手続き・住居について・西新での買い物）で、河野先生が具体的に助言下さった。

最終的な決定を聞くまでの一か月余りは内的に沈潜する時となる。その間に何度も取り出して読んだのが、「お礼と報告の手紙」である。半年程の苦悩とそれを克服した喜びを綴った手紙を読んでいると、相談に来ていた学生たちの顔が浮かんでは消えていった。そんなある時、不思議と鮮やかによみがえってきた声があった。柴田勝正の「うれしいやないか、シオノ！」と生島吉造先生の忘れられない言葉である。

柴田勝正　うれしいやないか、シオノ！　私もいささかお手伝いさせてもらった同志社

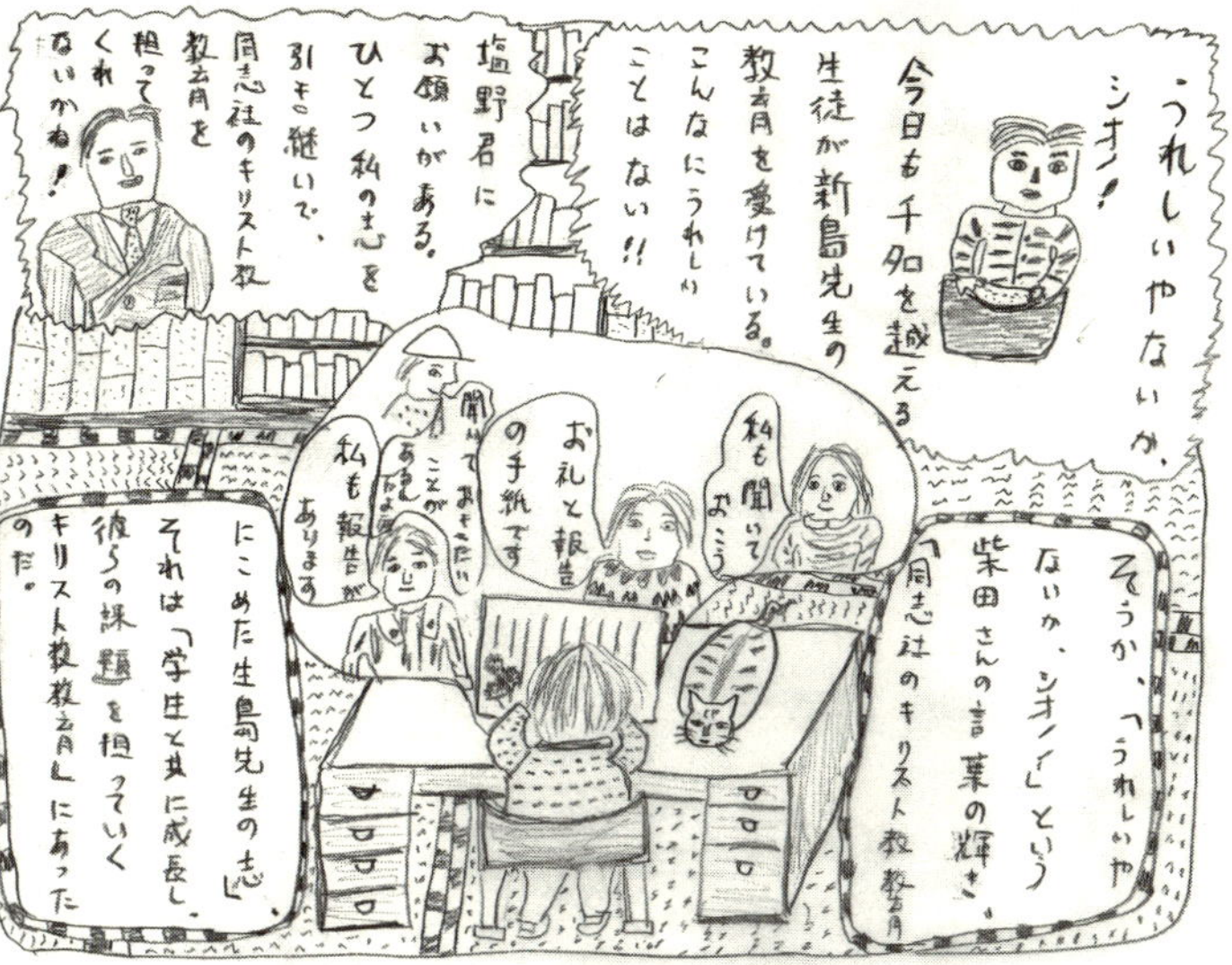

よみがえる言葉の輝き（1992年11月、豊中の自宅）

香里で今日も千名を越える生徒が新島先生の教育を受けている。こんなにうれしいことはない。

生島校長　この三年間、同志社香里中学校・高等学校で打ち込んできたことを、塩野君には分かってもらえたと私は信じている。そこで、塩野君にお願いがある。……ひとつ、私の志を引き継いで同志社のキリスト教教育を担ってもらえないかね！

柴田が「うれしいやないか、シオノ！」と語りかけたのは三五年前である。生島吉造先生から「志を託された」のは二二年前である。しかし、多くの年月を経ていたにもかかわらず、よみがえってきた言葉は輝いていた。なぜか？　聖和大学における「学生と共に成長し、彼らの課題を共に担う」経験を通して、共感性をもって理解できたからである。言葉の輝きは、暗闇にあって歩むべき道を示す光でもあった。宇和島でみじめにつぶされてしまっていた。だから、「これを乗り越えないと本当には生きていくことができない」ともがいた。そんなみじめな人間に、よみがえってきた輝きを放つ言葉はつぶされてしまった経験を乗り越えて生きる道を示していた。(8)

福岡における最初の仕事

斎藤末弘国際文化部長から、「理事会で塩野先生任用の件が承認されました」と電話を受けたのは一二月下旬だった。そこで一九九三（平成五）年に入ると、四月以降の西南学院大学赴任に向けた準備を始める。

神学部教授会に学位論文『日本組合基督教会史研究序説』を提出したのは一月中旬であ

塩野和夫『日本組合基督教会史研究序説』（新教出版社、1995年）

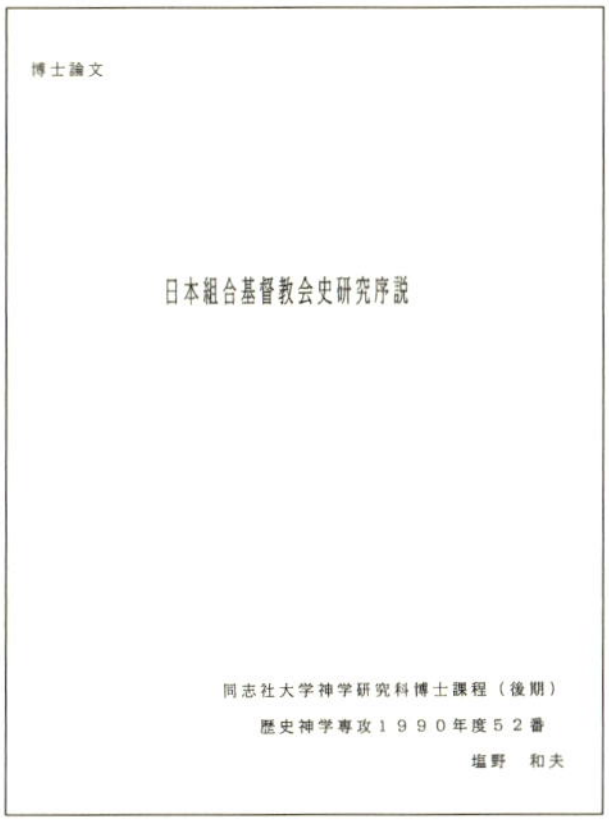

学位論文『日本組合基督教会史研究序説』

る。論文審査にあたって下さったのは主査土肥昭夫教授、副査竹中正夫教授、副査深田未來生教授である。学位論文のコピーが先生方に配布されて間もなく、まじめな顔をした深田先生から「塩野の学位論文は漬物石に使ったらちょうどいい大きさだな!!」と言われた。審査を無事通り、最終諮問が行われたのは一九九四（平成六）年二月である。神学部一階の会議室で先生方に囲まれ、厳しい議論が一時間余り続いた。土肥先生から予想もしなかった質問を浴びせかけられた。森孝一先生はアメリカキリスト教史専門の立場から問いかけられた。幸い修正を求められることなく合格し、三月の学位授与式に臨む。壇上には土肥昭夫先生がおられ、島一郎先生（当時、経済学部長）もおられた。学長から学位記を授与した際に、両先生は笑顔で祝福下さっていた。

福岡へ転居する前に最後にＣＳに出席したのは三月二六日で、「日本におけるアメリカン・ボード宣教師文書の研究」班の研究会だった。司会の田中真人先生は終わりに起立を求め、「この度、塩野さんは西の方へ行かれることになりました」と紹介下さった。センター教会では一月一〇日の礼拝後に開かれた役員会で事情を説明し、「三月末の辞任」を申し出て承認された。併せて後任人事の進め方について協議する。三月二一日に臨時教会総会を開催し、「塩野和夫牧師、辞任に関する件」と「高橋津賀子牧師、招聘に関する件」を承認した。最後となった三月二八日の礼拝では、「人を生かし、教会を生かす」（ガラテヤ五章六節）と題して説教する。この日の礼拝で田中清美と森田寛子が洗礼を受け、小西睦子と小西砂千夫が転入会した。礼拝後の愛餐会には三八名の出席者があり、温かく送り出して下さった。なお、四月から島津充宏はダンロップタイヤ四国社に、島津知代は扇町教会幼稚園に就職して旅立っていった。

新住居を決めるために福岡へ出かけたのは三月中旬である。河野信子先生が迎えて下さり、まず行ったのは藤崎商店街にあったうどん屋である。この店で「どんちゃん」（うどんを麺としたちゃんぽん）をご馳走になり、とてもおいしかった。それから日高課長の案内で大学キャンパスの西側にある教職員住宅（現在の女子寮「汀寮」がある場所）を見学し、手続きをした。ところが、三月下旬になって「先日、手続きをしていただいた教職員住宅の件です。調べましたところ、猫は飼えないことになっていました。申し訳ないのですが、早急に対応していただきますようにお願いします」と電話が入る。

三月末に再度福岡を訪ね、日高課長から紹介された不動産屋に向かう。そこで勧められたマンション（早良区弥生）を契約する。マンションの一室に天井まで届く棒を買い求め、それに縄をぐるぐると巻いてトラとタマの遊び道具を作った。これが福岡における最初の仕事となる。

註

（1）「はじめに」塩野和夫『日本組合基督教会史研究序説』i―iv頁、塩野和夫「日本組合基督教会の歴史的四類型」『キリスト教史学』第五〇集、三九―五五頁参照。

（2）「アメリカン・ボード関連資料(2)」塩野和夫『日本組合基督教会史研究序説』「史料・参考文献」一五―一八頁参照。

（3）「アメリカン・ボード関連資料(1)」前掲書、一三―一五頁参照。

(4)「アメリカン・ボード関連資料(3)」前掲書、一八―二四頁参照。

(5)この宿題については、キリスト教史学会第四六回大会(一九九五年一〇月一四日、北陸学院)で発表した「日本組合基督教会の歴史的四類型」によって回答のモデルを示している。塩野和夫「日本組合基督教会の歴史的四類型」『キリスト教史学』第五〇集、三九―五五頁参照。

(6)塩野和夫「日本組合基督教会規約の一九〇四年抜本改正」『キリスト教史学』第四七集、一九九三、五七―七一頁参照。

(7)「アメリカン・ボード関連史料」塩野和夫『日本組合基督教会史研究序説』「史料・参考文献」一三―二四頁参照。

(8)塩野和夫「よみがえる言葉の輝き」『福音と世界』一二月号、一九九四年、一頁、「しあわせな人」塩野和夫『一人の人間に』五四―五七頁、「世のため人のため」塩野和夫『キリスト教教育と私　前篇』二一一―二一四頁、「忘れえぬ師」塩野和夫『一人の人間に』五九―六〇頁、「生島校長の志」塩野和夫『キリスト教教育と私　前篇』二〇五―二〇七頁参照。

附録

1　この確かな生を

九州旅行の途中、友人と霧島韓国岳に登った時のこと、いつか出会った大学生の指示に従ってはうように一歩一歩踏みしめていた。

風が霧が小石までがたたきつけてきた。

しかし、ついに頂上についた喜び、なんともいえぬ想いで立ちあがり、たった一歩足を出したのと

「危ない！」鋭い声が飛んできたのは同時だった。

とっさに足をとめたぼくは足もとから音もたてずに小石が

不気味な暗闇へ落ちこんでいくのを見た。
ぞっと全身を寒気が走った。
その時、ぼくはまっさかさまに落ちこんでいった小石のように
山頂を大きくけずりとった暗闇にのみこまれていた。

一途に愛するほどに
愛を失った虚しさは絶望的です。
志を生きようとするほどに
志に挫折した者の虚しさは絶望的です。
あの絶望的な虚無に落ちこんでいった者に
病が容赦なく襲いかかった。
死は人生の終わりにただ一度訪れるものではない。
死はあらゆる瞬間に人を飲みつくそうと口をあけている暗闇だ。
その暗闇へ落ちこんでいった小石は
虚無におおわれ絶望に圧倒される。

生きなければともがくほどに
底知れぬ暗闇に打ちのめされた。
そういう一年を手紙にしたため
一息ついて誕生カードを書いていた。

主に感謝せよ
主は恵み深く
そのいつくしみはとこしえに絶えることがない。

君の二三年の月日を
そこに色どられている主の恵みを
そこにしみわたっている主のいつくしみを感謝として受けとめ
新しい歩みを……。

このようにカードを書きおえた時、

突然、言い尽くしがたく新鮮な感動がこみあげてきた。

ああ、ぼくは生きている。
　ぼくは生きている。
なんとすばらしいことだろう。
　なんと喜ばしいことだろう。

どれほど虚無にのみこまれようと
　生きているではないか。
どんなに絶望に圧倒されようと
　生きているではないか。
底知れぬ暗闇へ落ちこんでいった者を
　死からよみがえられた主が
　あの主がささえていて下さるではないか。
ああ、ぼくは生きている。

ぼくは生きている。
なんとすばらしいことだろう。
なんと喜びにみちたことだろう。

赤ん坊が安心しきって
母の胸に眠るように
主の恵みに安心しきって
ぼくは主が祝福下さる生に安らぐ。

この安らぎにあって
真実に確実に
無言有言の祈りと友情と愛とを
全身で受けとめる。

今夜の祈祷会であなたのために祈ります。

生きて下さいね。
シオノくん、がんばれ!!　がんばれ!!
おい、早く病気治せよ。
貴兄は神さまばかりでなく、多くの人から祈られています。

無言有言の祈りと友情に励まされ
確かな力と勇気に支えられ
しっかりと現在を踏みしめ、明日の希望を見あげる。

ああ、ぼくは生きているのだ。
たとえ、病床にふせっていても
この確かな力に慰められ
どんな虚無に圧倒されようと
その確かな勇気に励まされ
失望に打ちひしがれていても

そのただ中に希望を見出す。
そして、
この確かな生をぼくは生きる。

塩野和夫『一人の人間に』四〇―四六頁

2　ありがたきは友

茶色くなってしまった原稿用紙に書かれた一曲の歌がある。それは、瀬野勇君が私のために作ってくれた「我が友に」である。「風を切って飛んでゆけ」と始まるこの曲にどれくらい私が慰められたか知れない。肝心なことは技巧ではない。人の心を打つほどの思いやりなのだと、「我が友に」から教えられる。

瀬野勇君との出会いは、神学部編入試験場においてであった。すらっと背の高い瀬野君は、どこかつかみどころのない男と私の目には映った。対照的に一目で彼は私の人格が分かったと言っていた。瀬野君は賀川豊彦のイメージに私を重ねて言った、「君に微笑みがあれば賀川だよ」。当時の私を歌っているのが「我が友に」の二番の歌詞だそうである。

波を切って雄々しく生きる

海の果てまで生命のかぎり
海原を海原を　かけめぐる
求めよ　友よ　わが友よ

しかし、瀬野君の豊かな真心にふれたのは、私が腎炎に倒れた後のことである。腎炎はそれまでがむしゃらに突き進んできた人間にはつらい病気であった。二—三か月休み、良くなったと喜んでは、また倒れた。そんな病床にあったある日、思いもかけずに彼は見舞ってくれた。「我が友に」の歌詞とカセットとを持ってである。いつになく熱っぽく「我が友に」の歌詞を説明し、歌ってくれた。三番の歌詞は病床の私を歌い、励ます歌詞であった。

夢を超えて　夢に生きれば
生命は尽きて　愛も消える
陽の国へ　陽の国へ　燃えあがる
光よ　光れ　我が友に

夢を単なる夢とせず、現実にその夢を生きようとしたために私は倒れたのだと彼は見た。そして、「光よ、光れ」と祈ってくれたのである。

久しく会うことのない瀬野君を思い出すと、ありがたきは友という思いがつのる。とりわけ病める日の、弱さの日のあたたかい友の思いやりに感謝はつきないのである。

塩野和夫『一人の人間に』六二―六四頁

3　大きな心

柏木大観（一九二三―一九七九）は求道の人であった。生涯めとることなく、知られることなく、はし・わん等以上に何一つ持とうともしなかった。その柏木の生涯に太く貫かれた求道の精神があった。大空のごとき真実に向かい、真剣な祈りと大きな心とこの国の救いを念じる求道であった。

真剣な求道は柏木を異色の牧師とした。誤解もあったであろう。非難もあったであろう。しかし、大きな心をもっておのれの求道心に誠実に柏木は歩んだ。柏木にとっていくつかのキリスト教神学校に学んだ後の結論は、雲水への道であった。

キリスト教が西欧世界を通過することにより重大な限界に直面することになったと、柏木は考えた。西欧は知の世界であり論理を重んじる世界である。キリスト教はこの西欧世界を通過することによって、論理的整合性を持った宗教となった。だが、論理的整合性はキリストの生命を十分に継承するだけのものであったか。否、むしろキリストの生命は祈りによって深く伝承される。そして、この祈りに関しては東洋にこそ脈々と伝えられている良き伝統があるのではないか。そこで柏木はキリストの絶大な価値のため、自ら進んで雲水となり二一年間禅に精進した。

柏木が雲水となったのは、仏教徒になるためではなかった。キリストの生命のためである。それにもかかわらず、キリスト教徒柏木の求道を認め、受け入れ、柏木に「大観」という名を与えた老師がいた。記憶が正しければそれは臨済宗の加藤耕山老師である。「大観」、この名にこめられた老師の心は「宗教的真実に大きな心を持て」、「大きく見る心を持て」という励ましであろう。私はこの名に宗教の違いをこえた大きな温かい心を思わされる。

宗教的真実の世界は大空のごとく、どこまでも広がりゆく大きな世界である。その大空のような大きな心を持って宗教的真実を求道する人たちがこの国に脈々と存在した。彼らの多くは寡黙であったが、私たちの人格はどれほどこの寡黙な求道者に負っているかしれない。尊い伝統ではないか。おろそかにはできないと思う。この国の真摯な求道の歴史に学びつつ、世界の救いに寄与しえるだけのキリスト信徒でありたい。

塩野和夫『一人の人間に』六五―六六頁

4　私の宝

「日本画の神髄は、精神がそのまま単純な絵に表現されていることである」と教えて下さったのは、板倉宗悦先生である。

若き日、板倉先生は日本一の絵描きになりたいと願って上京、安田靭彦に師事された。当時の先生の作品を拝見したことがある。息をのむ美しい模写であった。先生にとって東京時代は奥さまに支えられ、ひたすらに絵に精進することを許された良き日々であった。

ところが、先の大戦が先生の生涯を大きく変える。四〇歳代半ばを越えた先生が故郷の滋賀県で生活のために奉ぜられたのは高校の書道の教師であった。一途な先生は書を教えるために断腸の思いで絵を断念された。

それから一五年。ひたすらに書道に打ち込んだ先生は、久しぶりに日展を見る機会を与えられた。安田門下の同級生や後輩たちは日展に出展しているのはもちろんのこと、彼らは選者でさえもあった。彼らの絵はかつてそうであったように美しかった。しかし、なぜかその美しさは先生の心を打たなかった。たまたま禅画が同時に展示されていた。その禅画は全くの素人の作品にすぎなかったが、そこには言い表そうとする感動が躍動していた。この創作動機が天啓のごとく先生をとらえた。絵は美しさの表現ではなく、美しさに打たれた感動の表現であったのだ。

先生は一五年ぶりに絵筆をとられた。先生の手ににぎられた絵筆は一五年間の書の精進の結果、意のごとくに動いた。しかも、若い日に体得していた絵の表現方法を体が忘れることはなかった。「すべての事、相働きて益となる」。聖書のこの言葉は先生の愛唱句となった。若い日に一途に絵に精進したことも、絵を断念し書に打ち込んだことも、そのすべてが働きあって美しい感動が存分に表現されることとなった。

私の宝の一つは、板倉先生が送って下さった一枚一枚のはがきである。その小さなはがきには、先生が描かれたおりおりの花の世界がある。たった一枚の小さなはがきではあるが、そこには私の心を洗うことができるだけの美しい世界がある。

塩野和夫『一人の人間に』六七―六八頁

5　どた靴の詩《うた》

訪問に歩くわたしを「どた靴」と呼んだ人がいた。

病む人
死にゆく人
孤独な人
解決のつかない問題にあえぎ待つ人を
祈り心だけをもって訪ねるわたしはどた靴のよう。

どた靴はそれでも歩いた。
仲間の祈りに支えられ

祈りあう喜びをふくらませ
ただ祈り心だけを勇気として
待つ人々の中へ歩いていった。

問題は解決しなかった。
悲しみが痛むと　どたどたと音をたてた。
痛みの中で　祈りあう心に暖かさが灯った。
あの祈りの中にはイエスがおられた。
あの祈りの場は天の御国につながっていた。

だから
明日のわたしも
どた靴のように
歩いていよう。

塩野和夫『問う私、問われている私』四―五頁

6　人の心の宝物

宇和島在任時代にいくつもの良き出会いを与えられた。その一つが野村学園の生徒たちと先生との出会いである。

《しんあいきょうかいのせんせい》
しんあいきょうかいのせんせいはやさしくて
ピアノをひくおんなのせんせいの
ピアノにあわせて　おとこのせんせいが
うたをうたうのが　とてもじょうずです
ぼくたちは　きょうかいのせんせいが
きょうかいのうたを　うたうのを

しずかにききました

「しずかにききました」という結びの言葉に、私は引きこまれる思いがする。ここにはまじりけのない素直さがあって、人の善意と人のやさしさがそのままに、何のさえぎるものとてなく吸収されている。それは私たちがどこかに忘れさってしまった人の心の宝物ではないだろうか。生徒たちは知恵では劣っている。しかし、野村学園の先生が強調しておられたように神さまは知恵が劣ったその分だけ何かを与えておられるに違いない。そして、それは私たちがどこかに見忘れてしまった心の清らかさ、心の素直さではないだろうか。私たちがもう一度、人の心の宝物に気づくために神は彼らにこの宝物を与えておいでなのではないか。

しんあいきょうかいには
かみさまがいるきがします
すがたはみえないけれども
かんじでわかります

そして
ぼくたちをみまもっています

Iくんのこの詩の前に私は立ちつくす。二〇歳代半ばを越えたIくんが野村学園にいるのは、社会で受け入れられなかったからだと聞いた。社会の冷たさは障碍を持つ人たちにとって胸を突き通すほどの痛みに違いない。

そのIくんが「かみさま」をうたっている。しかも「ぼくたちをみまもっている」神さまをうたっている。Iくんがこの詩に表現しているのは「かんじとった神さま」によってこれまでの人間不信が克服されるに違いない信頼と期待であろう。

Iくんの詩に私は教えられる。人の心の清さとは、守っていて下さる神さまを感じとるために与えられた人の心の宝物なのである。そして、教会とは人の世のつらさを生きぬいている人々の中にあって、しかしここにおいては見守っていて下さる神さまを安心して感じとることのできる場なのである。

塩野和夫『一人の人間に』六八―七一頁

7　好きが一番

一九九四年六月一五日
西南学院大学チャペル

一九八九年三月下旬に、宇和島での八年間の牧師生活を終えて大阪に帰りました。三六歳でした。三六歳の私は同志社大学大学院神学研究科後期課程で研究するために、受験勉強を始めました。そんな息子を温かく迎えてくれたのが父でした。父はこう言ったのです。

和夫は何も心配することはない。
今はしっかり勉強することや。

一年後、無事合格し神学研究科後期課程に入学しました。三七歳でした。ちょうどそれから一年後の一九九一年三月のことです。大学に母から電話がありました。母はおろおろと泣いていました。涙ながらにこう言ったのです。

お父ちゃんがとても悪い。
入院することになった。
すぐに、家に帰ってほしい。

急いで、家に帰りました。この数か月、父の様子が妙でした。急にやせ、時々貧血を起こし、それに食事がのどを通りませんでした。家に帰ったわたしは父を見て驚きました。仕事をしていたのです。その日の朝、病院に行き、入院することになりました。入院準備のために家に帰ると、父は仕事をしたのです。そして、その日の仕事を終えると、よろけるように車に乗り、病院に向かったのです。そのとき、父は私にこう言いました。

お父ちゃんのことで時間を使うことはない。
和夫はしっかり勉強することや。

癌でした。しかも進行性で、「このままでは、あと一か月だ」と言われました。それでも手を尽くしていただいて、それから一年生きることができました。

そして、一九九二年三月五日夕方（正確には「三月三日の夕方」である）のことです。それは父が亡くなる前日（「三日前」である）でした。その時、病室には母と私がおりました。母は長い看病で疲れきっていました。弟が看病の交代に来る時間が迫っていました。母は家に帰る用意を整え、何を思ったか、意識のもうろうとしている父にこう聞いたのです。

お父ちゃんは、お母ちゃんが好きか。
お父ちゃんは、お母ちゃんが好きか。

すると、父ははっきりと目を開けたのです。見開いた父の目のすぐ前には母がいました。やせ衰えた手を母の顔にやりながら、父ははっきりした声でこういう意味のことを言ったのです。

大好きや。

私は自分の記憶の一番深いところに、泣いている母の後ろ姿が焼き付いています。母は隠れるようにふすまに向かい、壁に向かって泣いていました。赤ん坊であった私にさえ揺れていた母の肩に「母は泣いている」と分かりました。

父は「真面目の上に何かが付く」と言われるほど、誠実な人でした。母も無器用に真面目です。そんな二人が若い日に恋に落ちたのです。母方の祖母がこの結婚に反対でした。母は父と結ばれるために家を出ます。そして、私ができたのです。

祖母の反対を押しきって始めた結婚生活は、母には辛いものがあったようです。その辛さを母の揺れる肩に感じ取りました。そして何も分からない二つか三つの赤ん坊が揺れる母の後ろ姿から感じ取ったものは、深く深く体の中に刻み込まれたのです。

そんな私に父の最後の言葉は両親の四〇年あまりの結婚生活のもう一つの大切なこと、これこそが二人の結婚生活の本質であったことをはっきりと語っていました。

母は聞いたのです。

お父ちゃんは、お母ちゃんが好きか。

やせ衰えた手を伸ばしながら、父は答えたのです。

大好きや。

父の言葉から「好きという気持ちのすごさ」を感じずにはおれません。若い日の父と母をこの好きという気持ちが結んだのです。それは強い力でした。祖母の反対にもかかわらず、母が家を飛び出してでも、「一緒になろう」というエネルギーを沸き立たせる力でした。そんな二人から私が生まれ、弟が生まれ、妹が生まれました。貧しい家庭でした。けれども、母からよく聞かされました。

和夫が生まれた時、お父ちゃんは本当に喜んでいた。

会社から帰ると、和夫を抱きあげて

「和夫、和夫」と言って

うれしさで顔の相をくずしていた。

中学生になると、私の関心は家庭の外に向けられました。両親から自立を始めたのです。次いで、弟が妹が自立しました。しかし、その間も、それから後も、私たちはずっと父と母の見守りの中にありました。だからこそ、三六歳で家に帰った時、

和夫は何も心配することはない。

今はしっかり勉強することや。


と温かく語ってくれたのです。

すべては父と母が好きになった、そこから始まったのです。それからいろいろなことがありましたが、「大好きや」という気持ちを育てた四〇年でした。そのような家庭に育ったことを今光栄にすら思うのです。

創世記一章二七節にこのように記されています。

神は自分のかたちに人を創造された。
すなわち、神のかたちに創造し、
男と女とに創造された。

「神が神のかたちに人間を創造し、男と女とに創造された」という言葉は結婚生活に深い含蓄を語っています。「どこに神を見出すことができるのか」という問いに対して、それは「男と女の関わりの中に」と答えています。男と女が好きになって、結ばれて、愛を育んでいく。そのただ中に「神はいる」と言うのです。

世の中にどんなに不信が吹き荒れても、変わることのない安息が宿る場、愛の宿る場、それが家庭である。そういうことを語った神学者もありました。

私は自分を育ててくれた父と母の結婚生活から聖書のこの言葉の真実を感じます。二人が好きになって一緒になり、四〇年の時を連れ添った。どこにでもあるドラマの中に、聖書が語りかけてくる真実を聞くのです。

だから、みなさんに「好きが一番」と申し上げたいのです。

男がただ一人の女性を好きになる。
女がただ一人の男性を好きになる。

そこから始まって、さまざまなドラマが生まれてくる。それは、神がみなさんに与えて下さった最もすばらしいプレゼントに違いありません。

好きになる時、人は輝きます。好きなことを生きている人は輝いています。輝いていることが自分を燃やしているしるしです。生きているしるしです。そのように輝いている時に、神はみなさんの中に共にいて下さいます。

だから、「好きが一番」です。本当の自分の気持ち、好きという気持ちを大切にして下さい。

塩野和夫『好きが一番』一一一―一一六頁

8　寅と私

寅次郎（猫、一六歳）は幼い頃、昼をお寺で過ごし、夕方には教会で餌にありついていた。食べることが大好きだが、けんかは苦手。きゃしゃな骨格で「こういう猫は体が弱い」と言われるが、どこか長老の風格がある。

うれしい発見をボストンでした。滞在する大学の教学部長と打ち合わせをしていた。ふとしたきっかけから猫が話題になり、親しく話し込んだ。猫は言葉と文化を越えた共感の世界へ招き得る存在なのだ。

寅は三年前から糖尿病である。生死の境を何度もさまよった。そのたびに寅は、懸命の祈りと努力を引き出させる。峠を越えたとき、医療スタッフと私たちはいつも無垢な喜びに包まれた。なぜか。寅はうそをつけない。求め、喜び、痛み、悲しむすべてにおいて純粋である。彼の純粋さは、私たちのなかに何かを呼び覚ます。そこには二一世紀を切り開いていく、一つの手がかりがあるように思われる。

塩野和夫「寅と私」アエラムック『キリスト教がわかる』七〇頁

9 百太

一九九四年七月二四日
告別の辞

私たちの百太《ももた》は突然天に召されました。死亡推定時刻は一九九四年七月二三日午後二時頃、場所は九州自動車道の古賀サービスエリア付近だと思われます。

その時私たちは寅次郎・玉三郎・百太と共に大阪へ向かっていました。百太にとっては三度目の大阪行きでした。生前の百太と最後にふれたのは古賀サービス・エリアで少し遅い昼食をとるため車を離れた時でした。「百太があばれている」と思いました。車に乗る時にあのケースに入れられるといつものことでした。それで、「いつものことだ」と思い、注意を怠りました。それから百太は静かになり、三時半頃に冷たくなった百太に気づいたのです。「あの時、百太は苦しんでいたのだ」。後悔しました。「牛丼、おいしかった」なドと言いながら、百太の死のその時に気づかなかった、気づこうともしなかった無神経さが責められてならないのです。

昨年、内田百閒を描いた『まあだだよ』という映画を見ました。あの映画の一シーンを思い出します。猫がいなくなるのです。内田夫妻はいなくなった猫を手を尽くして探します。しかし、見つかりません。内田はいなくなった猫を思って力を落とし、やせ衰えます。それでも、内田の猫はどこかに生きているかもしれないという希望がありました。私たちの百太は私たちが全く気づかなかったほんのわずかな間に亡くなっていました。この地上ではもう二度と百太と会うことはできないのです。

百太はいい猫でした。おとなしい猫でした。愛された猫でした。百太とわたしたちの出会いは昨年一一月一日です。出掛けようとすると、駐車場に動くことのできない黒くてきれいな猫がいたのです。妻が動物病院へ連れていきました。黒猫は思いのほか重傷でした。お医者さんによるとこの猫は交通事故に遭い、骨盤が折れて歩けない上に横隔膜が破れて内臓が胸の部分に入り心臓が反対側に移動していました。生きることができるかどうか分からない重傷でした。猫の様子を見ることにしました。そして約一か月、見事な回復力で黒猫の骨盤は自然治癒し、普通の生活ができるようになりました。それでも、呼吸をすると全身が揺れ、時々咳をしては体を震わせ、体の中には傷が残っていることを感じさせたのです。

入院した時にお医者さんは「栄養状態がいいですね、どこかで餌をもらっているのでしょう」と言っておられました。事実、その後に分かったことです。その黒猫には「餌をやっていた」とおっしゃる近所の方が何人もおられました。何か、そういう気持ちにさせる猫でした。

一か月ほどの入院の後、この黒猫に百太という名前を付け、家におくことにしました。その頃、百太は生後半年くらいの子猫でした。ファミリーである寅次郎・玉三郎との猫の関係は少々むずかしそうでした。すぐに、彼らの仲間に入れてもらえるというわけにはいきませんでした。けれども、私たちにははじめからとてもなついていました。次第に寅・玉との距離も近くなっていきました。百太の好きな遊びはボールペンを転がすこと、洗濯挟みで遊ぶこと、ごろっと横になっていてそこを通りかかった私たちの足にかじりつくことなどなどでした。

それにしても百太の生涯はわずかに一年少々です。人間にすれば、ようやく小学校を卒業するくらいの年令でしょう。まだまだこれからの長い地上の生涯を許されてよいはずでした。そんな百太が逝ってしまったことに心が痛んでなりません。いろいろな時を味わわせてやりたかったと悔やまれます。そして、本当に短かった百太の地上の生涯に意味があったとすれば、それは何だったのかと考えさせられるのです。

創世記二章一九節にこのようにあります。

主なる神は、野のあらゆる獣、空のあらゆる鳥を土で形づくり、
人のところへ持って来て、
人がそれぞれをどう呼ぶか見ておられた。
人が呼ぶとそれはすべて生き物の名となった。

人は創られた時、孤独でした。神はこの孤独な人間のためにまず動物を創られます。人間は創られた動物の一つ一つに名を付け、その名を呼びました。人間が動物の名を呼んだ時に、人間と動物の関係が生まれました。それは完全な人格関係ではありませんでした。人間にとって一体となる関係でもありませんでした。しかし、そこに関係が生まれたことも事実です。それ以来、人間と動物がその関係を生きてきたこともまた事実です。そして、

この関係によってどれほど多くの人間の孤独がいやされてきたかしれないのです。
わずか一年あまりの百太の生涯は愛された生涯でした。百太は近所の人たちから愛されていました。そしてたった九か月でしたが、この黒猫に百太と名を付け、その名を呼び、この猫を愛しました。百太も私たちを自分の親であるかのように慕っていました。短い生涯をその限り、百太は人間とのよい関係に生きたことを思います。そのようにして、人の心に慈しむ思いを呼び覚まし、人の心を和らげ、私たちを信頼して生きたのです。そんな百太の生涯には神から与えられたかけがえのなさがあったと信じます。

塩野和夫『好きが一番』一三一―一三七頁

10　よみがえる言葉の輝き

「うれしいやないか、塩野。私もいささかお手伝いさせてもらった同志社香里中学校・高等学校で、今日も千名を越える中高生が新島先生のキリスト教主義教育を受けている。こんなにうれしいことはない」。このように語られる柴田勝正さんの言葉はいつも輝いていた。幼少の頃から、輝く柴田さんの言葉を聞かされて私は育った。

生島吉造先生が校長として同志社香里中学校・高等学校に赴任されたのは、私が高校一年生になった春である。先生の教育には太く貫かれたスピリットがあった。「生徒を信頼し、期待すること」がそれである。登校してくる生徒一人ひとりへの校長のあいさつ、設置された無人の牛乳販売所、多くの生徒が出入りするようになった校長室などの一つひとつが、先生の教育に対するスピリットによるものであった。

ところが、一つの問題が起こった。生島校長の言葉を理由にして礼拝に出席しない多くの生徒が出たのである。そのため、チャペルには最前列の五列か六列にしか生徒は集まらなかった。そのわずかな生徒に向かって文字通りの真心を込めて、「私は諸君を信頼している。自らを律して礼拝に出てほしい」と生島校長は語られた。しばらくして校長室に呼ばれた私に、「礼拝問題を塩野君はどう思うかね」と尋ねられた。私たちへの信頼ゆえにゆがむ校長の眼差しに私の心は揺れていた。

卒業式を前にして最後に校長室へ招かれた時、生島校長はじっと私を見つめられた。そして、一言ひとこと確かめながら「塩野君には私の志を継いでほしい。私の志を継いでキリスト教主義の教育に携わってもらえないかね」と言われた。

あの生島校長の言葉が二〇年余り後に私を捉えた。柴田さんの言葉が私の体の中に輝いた。それは暗闇の中にあった私に行くべき道を示す一条の光でもあった。二〇年の日々、私は伝道者であることを志し、牧師の道を精進した。伝道・牧会の現場で福音が人を救い、癒し、夢を与える現実に多く出会った。だが、私は二〇年の後に牧師として働く道を断たれた。その暗闇の中で、二〇年前の言葉が私の体の中に輝きをもってよみがえった。

クリスマスを迎える。暗きに坐する者に行くべき道を示すことができる輝く言葉とは何なのか、静かに黙想したいと願っている。『福音と世界』一二月号、一九九四年、一頁

あとがき

二〇〇九年秋に執筆を始め、前篇を二〇一三年五月に、中篇を二〇一五年一〇月に刊行した。後篇の出版を二〇一八年三月に控え、六五歳になった私は深い感慨に囚われている。四七年前の二月下旬、同志社香里高等学校の卒業式を一週間後に控えたその日、別れの挨拶をするために校長室を訪ねた。忙しそうにしておられた生島吉造校長はたった一言、「塩野君には話があるので、改めて来てくれたまえ。こちらから連絡する」と言われた。知らせを受けて再び校長室を訪ねたのは卒業式の二日前で、三月上旬だったと記憶する。わずか一〇分程度だったが、校長は一言ひとことに集中して語りかけられた。そして、最後に「ひとつ、私の志を引き継いで、同志社のキリスト教教育を担ってくれないかね」と言われた。あの時、生島先生は六五歳であった。

前篇・中篇・後篇と本にする前に、「キリスト教教育と私」は『国際文化論集』に発表していて一五本に及ぶ。抜き刷りを送った一人に柴田勝正氏の子息、柴田順治氏がいる。

柴田氏から数年前に意外な事実を知らされた。「生島吉造校長と柴田勝正は同志社大学で英文学を学ぶ同級生だった」。思いがけない事実から納得させられる話がいくつもあった。たとえば高校生になって訪ねると、柴田さんは度々「生島が、……」「生島が、……」と生島校長を話題にされた。それがすべて敬称略だった。「二人は敬称抜きで話し合える仲だったのだ」と納得できた。あるいは、高校一年生の五月に体育館の前で生島校長からいきなり「塩野君」と呼びかけられた。校長がなぜ私の名前を知っておられるのか謎であったが、柴田さんから聞いておられたに違いない。

教育への志を託された言葉の前に立つと高校生の私に戻っていて、「教育とは所詮、一つの魂が一つの心を揺さぶり動かすことに他ならない」と生島先生から聞かせていただいた話が思い出される。柴田勝正さんの「うれしいやないか、シオノ！」も響いてくる。それらは私を育てただけでなく、数十年後に暗闇の中に置かれた者に人生の指針を示す光ともなった。他方、学生たちと歩んでいる現実に帰ると六五歳を強く意識して、「今立たされている教育現場における託された志の意味」を考えさせられる。

西南学院大学学術研究所には、本書出版のため、次の転載を許可いただいた。感謝してその事実を記しておく。

「キリスト教教育と私（一一）」『国際文化論集』第三〇巻第一号、二〇一五年七月
「キリスト教教育と私（一二）」『国際文化論集』第三〇巻第二号、二〇一六年二月
「キリスト教教育と私（一三）」『国際文化論集』第三一巻第一号、二〇一六年七月
「キリスト教教育と私（一四）」『国際文化論集』第三一巻第二号、二〇一七年二月
「キリスト教教育と私（一五）」『国際文化論集』第三二巻第一号、二〇一七年八月

新教出版社・朝日新聞社には附録に掲載するために転載の許可をいただいた。附録は本書の内容を豊かにしている。感謝してその事実を記しておく。

宇和島信愛教会には週報（一九八一年度から一九八八年度まで）を、西宮門戸教会にも週報（一九九〇年度から一九九二年度まで）を借用した。両教会の週報により記述内容が的確になった。感謝してその事実を記しておく。

『キリスト教教育と私　後篇』出版に向け作業に入ったのは二〇一六年四月で、名乗り出てくれた中島知世・萱田美紀・大濱健嗣の三氏に作業内容を説明し資料を渡す。六月になって中島さんと萱田さんに一章―四章を横書きから縦書きに直す作業を、大濱君には附録の打ち込み作業を担当してもらった。九月から中島さんと萱田さんには五章―六章の作

業を、大濱君には引き続き打ち込み作業を依頼する。一二月からは三人それぞれに七章から九章までの一章ずつを横書きから縦書きに直す作業をしてもらう。二〇一七年四月からは一〇章から一二章までの作業をした。こうして完成した原稿を教文館に送ったのは六月末である。

初校ゲラが届いた一〇月からも引き続き、中島・萱田・大濱三氏の協力を得て作業を続ける。その間、教文館の福永花菜氏から様々なアドバイスを受けた。塩野まりが頃合いを見てサービスしてくれるおやつは、途中からコーヒーだけとなる。血糖値上昇のためである。

最後に、本書とりわけ下巻は「存在への勇気」に励まされ、押し出されるようにして執筆した事実を告白して筆をおく。

二〇一八年二月

生松台の自宅にて　塩野和夫

著者紹介
塩野和夫（しおの・かずお）
1952年大阪府に生まれる。同志社大学経済学部卒業。同大学大学院神学研究科後期課程修了、博士（神学）。日本基督教団大津教会、宇和島信愛教会、伊予吉田教会、西宮キリスト教センター教会牧師を経て、現在、西南学院大学国際文化学部教授。

著書 『伊予吉田教会90年史』（日本基督教団伊予吉田教会）、『宇和島信愛教会百年史』（日本基督教団宇和島信愛教会）、『日本組合基督教会史研究序説』『日本キリスト教史を読む』『19世紀アメリカンボードの宣教思想Ⅰ』『キリストにある真実を求めて――出会い・教会・人間像』（新教出版社）、*The philosophy of Missions of the A.B.C.F.M. in the 19th Century 1*（自費出版）、『禁教国日本の報道』（雄松堂出版）、『継承されるキリスト教教育――西南学院創立百周年に寄せて』（九州大学出版会）、『祈りは人を育てる――西南学院につながる私たち』『宝が隠されている――キリスト教学校に学ぶ・教える』（花書院）、『近代化する九州を生きたキリスト教』『キリスト教教育と私　前篇』『キリスト教教育と私　中篇』（教文館）等。

キリスト教教育と私　後篇

2018年3月30日　初版発行

著　者　塩野和夫
発行者　渡部　満
発行所　株式会社　教文館
〒104-0061 東京都中央区銀座4-5-1
電話 03(3561)5549　FAX 03(5250)5107
URL http://www.kyobunkwan.co.jp/publishing/
印刷所　モリモト印刷株式会社

配給元　日キ販　〒162-0814　東京都新宿区新小川町9-1
電話 03(3260)5670　FAX 03(3260)5637

ISBN978-4-7642-9975-7　Printed in Japan

© 2018　Kazuo Shiono　落丁・乱丁本はお取り替えいたします。